DRACHEN

DRACHEN

Mythologie – Symbolik
Geschichte

Dr. Karl Shuker

Mit einem Vorwort von

Dr. Desmond Morris

BECHTERMÜNZ VERLAG

Originaltitel: Dragons
Originalverlag: Marshall Editions Ltd, London, Großbritannien

Deutsche Erstausgabe

Eine Marshall-Ausgabe,
konzipiert, herausgegeben und designed von Marshall Editions,
170 Piccadilly, London W1V 9DD
Übertragung ins Deutsche:
Produktionsbüro Rainer Rink, Königsbrunn
Umschlaggestaltung unter Verwendung der beiden folgenden Motive:
„Der Drache“ aus: Friedrich Justin Bertuch,
Bilderbuch für Kinder, 1. Bd., Weimar 1792;
„Der Drache und das Sonnenweib“, Werkstatt Lucas Cranach d. Ä.,
aus: Offenbarung Johannis, dt. v. Martin Luther, Wittenberg
(Haus Lufft) 1541; sog. Zerbster Prunkbibel
Gesamtherstellung: Printer Portuguesa
Printed in Portugal
ISBN 3-86047-689-0

In liebendem Gedenken an Gerald Durrell -
zur Erhaltung des heldenhaften St. Georg

INHALTSVERZEICHNIS

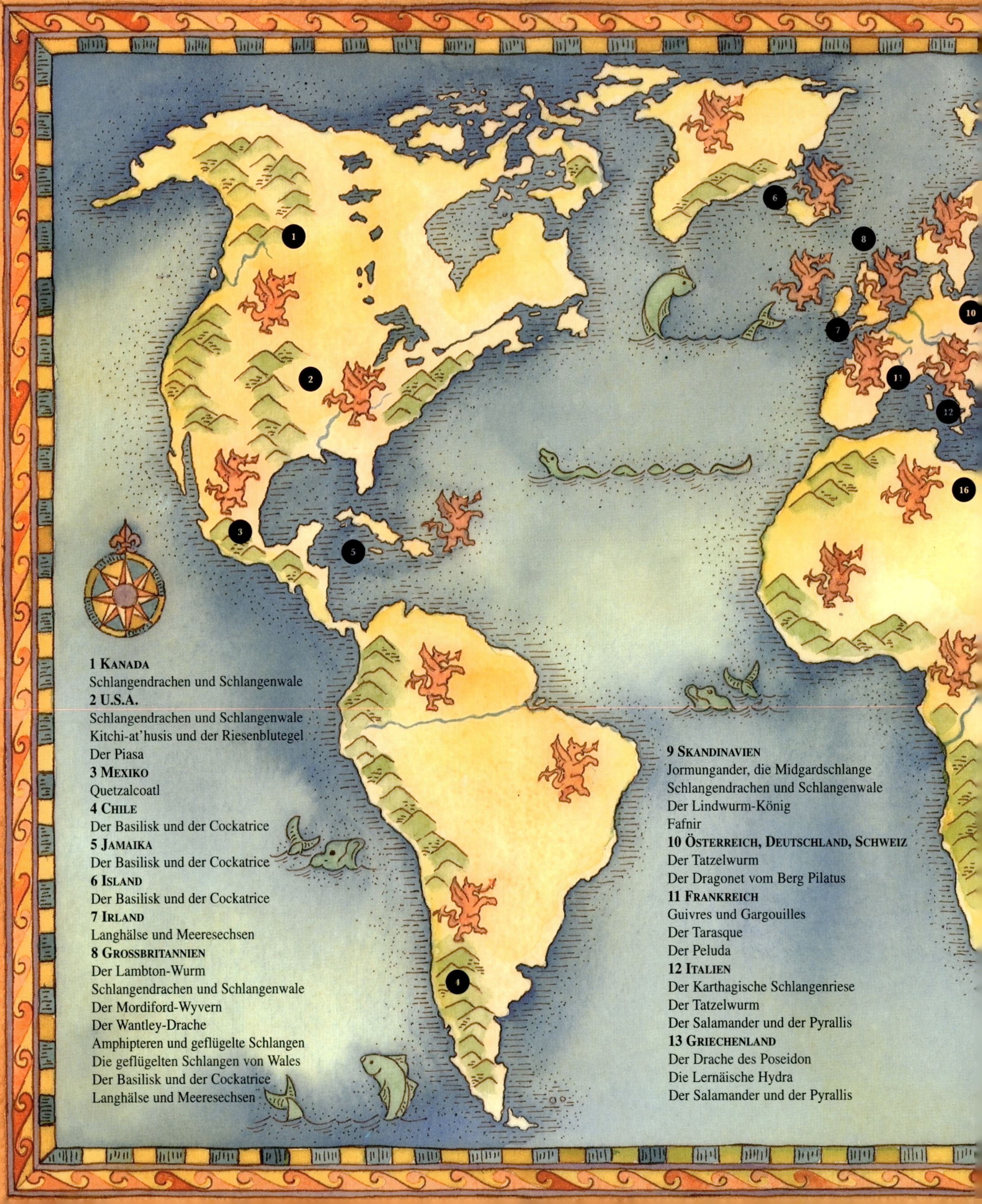
1
2
3
4
5
6
7
8
10
11
12
16
1 Kanada
Schlangendrachen und Schlangenwale
2 U.S.A.
Schlangendrachen und Schlangenwale
Kitchi-at'husis und der Riesenblutegel
Der Piasa
3 Mexiko
Quetzalcoatl
4 Chile
Der Basilisk und der Cockatrice
5 Jamaika
Der Basilisk und der Cockatrice
6 Island
Der Basilisk und der Cockatrice
7 Irland
Langhälse und Meeresechsen
8 Grossbritannien
Der Lambton-Wurm
Schlangendrachen und Schlangenwale
Der Mordiford-Wyvern
Der Wantley-Drache
Amphipteren und geflügelte Schlangen
Die geflügelten Schlangen von Wales
Der Basilisk und der Cockatrice
Langhälse und Meeresechsen
9 Skandinavien
Jormungander, die Midgardschlange
Schlangendrachen und Schlangenwale
Der Lindwurm-König
Fafnir
10 Österreich, Deutschland, Schweiz
Der Tatzelwurm
Der Dragonet vom Berg Pilatus
11 Frankreich
Guivres und Gargouilles
Der Tarasque
Der Peluda
12 Italien
Der Karthagische Schlangenriese
Der Tatzelwurm
Der Salamander und der Pyrallis
13 Griechenland
Der Drache des Poseidon
Die Lernäische Hydra
Der Salamander und der Pyrallis

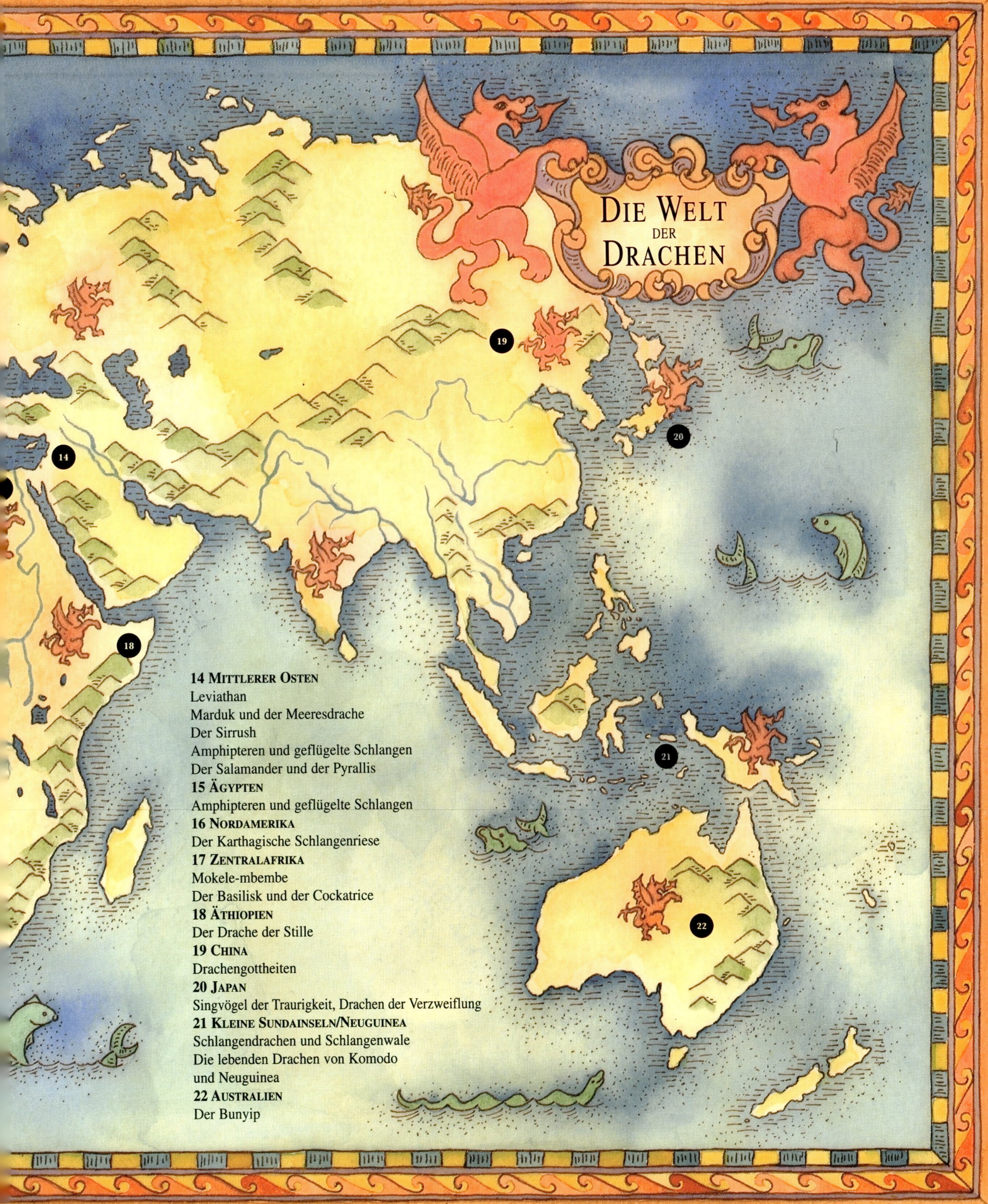
DIE WELT DER DRACHEN
19
20
14
18
21
22
14 MITTLERER OSTEN
Leviathan
Marduk und der Meeresdrache
Der Sirrush
Amphipteren und geflügelte Schlangen
Der Salamander und der Pyrallis
15 ÄGYPTEN
Amphipteren und geflügelte Schlangen
16 NORDAMERIKA
Der Karthagische Schlangenriese
17 ZENTRALAFRIKA
Mokele-mbembe
Der Basilisk und der Cockatrice
18 ÄTHIOPIEN
Der Drache der Stille
19 CHINA
Drachengottheiten
20 JAPAN
Singvögel der Traurigkeit, Drachen der Verzweiflung
21 KLEINE SUNDAINSELN/NEUGUINEA
Schlangendrachen und Schlangenwale
Die lebenden Drachen von Komodo
und Neuguinea
22 AUSTRALIEN
Der Bunyip

Vorwort

In der Welt der phantastischen Tiere ist der Drache einzigartig. Keine andere Phantasiefigur ist in einer solchen Artenvielfalt aufgetreten. Es scheint, als ob es einst eine ganze Familie verschiedener Drachenspezies gab, die wirklich lebten, ehe sie auf mysteriöse Weise ausgestorben sind. Tatsächlich haben Gelehrte noch im siebzehnten Jahrhundert über Drachen geschrieben, als wäre auch die Wissenschaft von ihrer Existenz überzeugt. Ihre Anatomie und naturwissenschaftliche Geschichte wurde in gewissenhaftem Detail aufgezeigt.

Der Naturforscher Edward Topsell beispielsweise hielt die Drachen in seinen Aufzeichnungen von 1608 für Reptilien und für eng mit den Schlangen verwandt: „Es gibt verschiedene Drachenarten, die sich teils durch ihre Ursprungsländer, teils durch ihre Anzahl und Größe und teils durch die unterschiedlichen Formen ihrer äußerlichen Körperteile unterscheiden."

Anders als Shakespeare, der vom „Drachen, der mehr gefürchtet als gesehen wird" sprach, war sich Topsell sicher, daß diese Kreaturen von vielen Menschen beobachtet worden sind: „Wir haben nicht nur in Europa von Drachen gehört, sondern auch in unserem eigenen Land mehrere entdeckt und getötet."

In dieser russischen Ikone (ca. 1600) ermordet St. Georg einen wyvernähnlichen Drachen, dessen Schwanz vier kleine Köpfe trägt.

Bedauerlicherweise muß zugegeben werden, daß man im neunzehnten Jahrhundert, als die Natur intensiver erforscht wurde, nicht auf ehrfurchtgebietende Drachen gestoßen ist. Während einige erstaunliche viktorianische Naturforscher die Welt nach neuen Exemplaren für ihre wachsenden Sammlungen durchsuchten, wurden zwar Riesenschlangen und große Echsen gefunden, aber nicht ein einziger reinrassiger, feuerspeiender, mit den Flügeln schlagender Drache gefangengenommen oder auch nur aus der Ferne gesichtet.

Von da an hätte man den Begriff des Drachen in den großen Kessel der Fiktion werfen müssen, damit er von Karikaturisten und Zeichnern für billige Witze und visuelle Klischees hätte verwendet werden können. Doch wie sehr würde es erfreuen, wenn sich herausgestellt hätte, daß zumindest einige Drachen wirklich lebendige und atmende Kreaturen gewesen wären. Wir könnten ihnen heute begegnen und sie bewundern.

Es sollte nicht sein, doch wenigstens in unserer Vorstellung können Drachen nach wie vor mit Respekt betrachtet werden – als ob sie einst die Welt beherrscht hätten, aber seitdem schwere Zeiten durchlebten. Dies steht ihnen zu, auch wenn wir nur die Phantasie der vielen frühen Künstler honorieren können, die sie jahrhundertelang so liebevoll dargestellt haben.

Das alles im Sinn, hatte ich seit vielen Jahren vor, einen naturgeschichtlichen Bericht über Drachen zu schreiben. Nun brauche ich mich nicht mehr darum zu bemühen, denn Karl Shuker hat es bereits für mich getan. Ich bin ihm dafür sehr dankbar und werde das Buch, das er zusammengestellt hat, um uns in die wunderbare, seltsame Welt der Drachen zu führen, in Ehren halten.

Desmond Morris

Einführung

Weit weg, in der Zeit der Dämmerung
Von allen Menschen, in jeder Gegend,
Entsetzliche Drachen und Greifen und Monster,
Aus Wasser und Luft und Feuer geboren,
Oder wie die Pythonschlange im Schlamm aufgezogen
Und aus der alten Deukalionischen Flut heraussickernd,
Kriechend und zappelnd und schäumend vor Wut,
Durch die Tradition der Abenddämmerung und das Zeitalter der Balladen.

John Greenleaf Whittier, „Die doppelköpfige Schlange von Newbury“

Drachen! Das sind feuerspeiende, junge Mädchenfresser, die tödlich getroffen auf der Lanze eines Ritters aufgespießt sind, oder schlangenförmige Gottheiten, die am Himmel entlangschweben. Das sind wurmförmige Monster mit stählernen Windungen oder mit Flügeln ausgestattete Wunder mit juwelenüberzogenen Schuppen. Alpträume, die Fledermausflügel haben, die mit vulkanartigem Flammenschlund terrorisieren und entweihen, oder vielfarbige Traumbiester, die auf schillernden Federn himmelwärts aufsteigen. Sie sind die Personifizierung des Heidentums oder der Reinheit, von Tod und Zerstörung, Leben und Fruchtbarkeit, von Gutem und Bösem.

Den Drachen wurden viele Bücher gewidmet, doch diese haben sich hauptsächlich auf ihre symbolische, soziologische oder geographische Bedeutung konzentriert. Im Gegensatz dazu behandelt dieser Band die Vielfalt und Klassifikation der Drachen in Typen, wobei ihre Verwandlung von einfachen schlangenartigen Formen zu viel komplexeren spezialisierten Biestern geschildert wird.

St. Margaret, die von einem Drachen verschluckt wurde, kommt unverletzt aus seinem Magen hervor.

Auch wenn der geflügelte, vierfüßige, flammenspeiende Schrecken der klassischen Mythologie in der westlichen Welt wahrscheinlich die bekannteste Drachenart ist, so ist dies bei weitem nicht die einzige Art, von der es Aufzeichnungen gibt – ein fundamentaler Aspekt der Drachenkunde, der in früheren Arbeiten jedoch selten vermerkt wurde. Würmer und der Lindwurm, Wyvern, geflügelte Schlangen und fliegende Drachengötter, der Guivre und der sechsfüßige Tarasque, wasserspeiende Gargouilles, vielköpfige Hydren und von Kröten ausgebrütete Basilisken – und unzählige andere – gehören ebenfalls zur Drachendynastie.

Paolo Uccellos Version von der Geschichte des St. Georg (ca. 1440) stellt den Drachen mit zwei Beinen, statt der gewöhnlichen vier, dar, aber seine Flügel enthalten die Augenflecken, die in anderen Versionen fehlen.

Schließlich wird die Möglichkeit in Betracht gezogen, daß, während einige Drachen eindeutig von wirklichen Tieren, die seit langem der zoologischen Welt bekannt sind, inspiriert wurden, andere auf mysteriöse lebende Kreaturen zurückgeführt sein könnten, die noch auf die Entdeckung der Wissenschaft warten. Sind dies die schwer greifbaren Drachen von morgen?

Eine weitere Motivation für dieses Buch war, eine lebhafte Nacherzählung von einigen der spektakulärsten und nicht so bekannten Drachenlegenden zu präsentieren, die viel zu oft zu einer kümmerlichen Zusammenfassung degradiert werden. Die Konfrontationen dieser Kreaturen mit der Menschheit wiederzubeleben, verändert die furchterregendste Fauna der Mythologie von nicht greifbaren Phantasiemonstern in randalierende Reptilien, so lebendig wie alles, was durch die unheimliche Welt der Realität geht, rutscht, schwimmt oder steigt.

Zur Veranschaulichung wurde eine Reihe von Gemälden, Schmuckstücken, archäologischen Kunsterzeugnissen, architektonischen Kuriositäten und Stichen ausgewählt. Viele künstlerische Interpretationen der Drachen in berühmten Mythen und Legenden ähneln kaum den traditionellen Beschreibungen. Aber wer würde einen Fehler an einem Gegner von St. Georg finden, der unerwartet wie ein Wyvern aussieht, wenn er mit solch einer Pracht von einem Maler wie Uccello dargestellt wird.

Dieses Buch, das nicht nur die Drachen der Vergangenheit und der Gegenwart offenbaren will, sondern auch die der Zukunft, enthält viele Informationen und Gedanken, die die Phantasie ausgesprochener Drachenliebhaber beflügeln sollten. Oder, wie der Verfasser der Bestiarien, Edward Topsell, 1608 in seiner „Geschichte der Schlangen“ schrieb: „Unter allen Schlangenarten gibt es keine, die sich mit dem Drachen vergleichen läßt, oder der, für die reiche Entdeckung ihrer Art, so viel Geschichtsstoff gebührt und gegeben ist; und deswegen muß ich mir hierfür mehr Zeit nehmen ... als der Leser unter Umständen bereit ist zu geben ... (aber) ich werde mich bemühen, die Beschreibung angenehm zu machen, mit abwechslungsreicher Geschichte ...“

Kapitel 1

SCHLANGEN-DRACHEN

Viele Drachentologen denken, daß der Glaube an Drachen durch die Entdeckung großer Schlangen inspiriert wurde, Drachen sich aus Schlangen „entwickelt“ haben. Wenn dem so ist, wird der erste Schritt in dieser Evolution von den Schlangendrachen repräsentiert. Normalerweise mit Flüssen, Seen oder den offenen Meeren in Verbindung gebracht, sind dies riesige glied- und flügellose schlangenartige Wesen, die an ihrem drachenartigen Kopf, der häufig Hörner hat, und ihrem langen krokodilartigen Rachen leicht zu erkennen sind.

Der Fluch des Lambton-Wurms

Am Morgen des Ostersonntags 1420 eilte jeder aus dem Dorf Washington, das in der Nähe des Wear, einem Fluß in der Grafschaft Durham, England, lag, zur Kirche – jeder, das heißt, außer John Lambton, dem jungen, mutigen Erben vom benachbarten Schloß Lambton.

Da er den geistlichen Zuspruch und die Befolgung des Sabbats scheute und lieber eher materialistischen, ehrfurchtslosen Vergnügen nachging, fischte er am Fluß und ignorierte die mißbilligenden Blicke der Kirchgänger. Doch als der Morgen zum Nachmittag wurde und noch kein einziger Fisch am Köder angebissen hatte, verdunkelte sich Lambtons Laune, und er stieß zu seinem Unglück hemmungslos einen lauten gotteslästerlichen Fluch aus.

Eine Welle zitterte über die Flußoberfläche, als ob sie von diesem gotteslästerlichen Ausbruch gerufen worden wäre. Kurze Zeit später fühlte der junge Mann, daß etwas an seiner Leine zerrte, aber es war kein Fisch. Als er es aus dem Wasser herauszog, dachte er zunächst, daß es eine Art Wasserwurm oder Blutegel sei, klein, aber länglich, mit einer schleimigen schwarzen Haut. Dann hob es seinen Kopf und sah ihn an, und sogar der unbesonnene Lambton hielt vor Grauen die Luft an, denn dieser unerwartete Fang hatte den Kopf eines Drachen – und das Gesicht eines Teufels.

Sein Schlund war schlank, voll mit langen nadelartigen Zähnen, und eine übelriechende Flüssigkeit entwich aus neun kiemenartigen Schlitzen, die sich auf jeder Seite seines Nackens befanden; aber alles, was Lambton zunächst bemerkte, waren seine Augen. Wie vereiste Kohlen glitzerten sie und fingen seine eigenen in einer eisigen hypnotischen Trance ein. Und während er hilflos in sie starrte, tanzten all die Sünden seiner vergeudeten Jugend wie spöttische Gespenster in ihrer boshaften Dunkelheit.

John Lambton hatte eigentlich geplant, alle Fänge zu behalten, aber alles, was er nun tun wollte, war, sich von dieser ekelerregenden Kreatur zu befreien, und er verlor keine Zeit, sie in einen nahegelegenen Brunnen hinabzustoßen. Von diesem Moment an war er ein anderer Mensch, der Erlösung und Seelenheil für seine früheren Missetaten suchte – eine Mission, die ihn einige Jahre später dazu brachte, eine Pilgerreise in das Heilige Land anzutreten. Und so ließ er das Dorf und das Schloß weit hinter sich, aber er hinterließ auch eine monströse Offenbarung seiner früheren Bösartigkeit.

Lambton ahnte nicht, daß sein Gefangener in der düsteren Enge des Brunnens gedieh, beständig wuchs und heimlich größer und immer stärker wurde. Eines Morgens entdeckten Bewohner aus Washington eine

Die Legende vom Lambton-Wurm und seinem mutigen Mörder hat weitergelebt, und die Geschichte taucht heute noch in vielen Büchern mit Sagen auf.

merkwürdige Spur aus glitzerndem, säurehaltigen Schleim, die vom Brunnen zu einem nahegelegenen Hügel führte. Sie folgten der Spur, und ein schreckliches Bild tat sich vor ihren Augen auf.

Ein scheußlicher gliedloser Drache, so riesig, daß sein schlangenartiger Körper den Hügel neunmal umfaßte, lag dort und sonnte sich. Bläulicher Schleim vertrocknete das Gras unter seinem Körper, und giftiger Dampf kam spiralförmig aus seinem Maul und ließ die Blätter auf den Bäumen welken.

So begann die terrorisierende Herrschaft des Lambton-Wurms. Er zerstörte Washingtons grünes Land, fraß Viehbestand und Kinder und hielt die Dorfbewohner in ihren Häusern gefangen, die soviel Angst davor hatten, dem tödlichen Plünderer ihres Landes zu begegnen, daß sie sich nicht trauten, auch nur einen Fuß vor ihre Haustüre zu setzen. Voller Verzweiflung versuchten sie, das Monster nach einer altherkömmlichen Methode mit einem Milchopfer zu besänftigen, die bei einer Drachenplage gewöhnlich angewandt wurde.

Sie füllten einen riesigen Trog mit frischer Milch und stellten ihn in den Innenhof des Schlosses Lambton, wo der Wurm ihn leicht sehen konnte. Wie erwartet, glitschte das Wesen schnell voran und verschlang das Opfer. Für den Rest dieses Tages und während der ganzen Nacht verharrte es um seinen Zufluchtsort, den Hügel, gewunden; aber als es am folgenden Morgen keine Milch vorfand, trampelte es vor Zorn, während sich die Dorfbewohner in ihren Häusern zusammenkauerten. So wurde von da an jede Kuh im Dorf ausschließlich dafür gemolken, eine tägliche Huldigung darzubringen, die den Wurm befriedigte.

Immer wieder versuchten Dorfbewohner, die mutiger als die anderen waren, ihren Unterjocher mit dem Schwert oder mit einer Lanze ins Jenseits zu befördern. Doch auch wenn es ihnen gelang, das Biest zu halbieren, die Hälften vereinigten sich sofort wieder und ergaben einen intakten, sehr jähzornigen Wurm, der seinen Angreifern selten die Möglichkeit gab, ihre Tat zu wiederholen oder vor der Auseinandersetzung zu fliehen.

Jahre vergingen, bis John Lambton zurückkehrte.

In Washington gerät der Lambton-Wurm nicht in Vergessenheit, denn es gibt dort eine Kneipe mit diesem Namen, deren farbenfrohes Schild permanent an die Geschichte erinnert.

Er war entsetzt, als er die verderbliche Existenz des Wurms wahrnahm, und entschlossen, sein Land von dem Bösen zu befreien, das diesem durch seine eigene jugendliche Dekadenz auferlegt worden war. Er suchte den Rat einer weisen alten Hexe. Jene erklärte ihm, daß es ihm nur dann gelingen könnte, das Monster zu töten, wenn er eine besondere Rüstung mit scharfen Klingen auf der gesamten Oberfläche tragen und ihm in der Mitte des Flusses gegenüberstehen würde – dort, wo er es ursprünglich gefangen hatte.

Für den Erfolg müßte jedoch ein Preis bezahlt werden: Nachdem er den Wurm vernichtet hätte, müßte er auch das nächste Lebewesen töten, dem er begegnete. Unterließ er dies, würde neun Generationen lang kein Erbe der Lambton-Ländereien in seinem Bett sterben.

In den 30er Jahren wurden Zigarettenkarten herausgegeben, die englische Legenden darstellten, einschließlich die vom Lambton-Wurm. Heute sind diese Karten wertvoll, auch als ein Dokument der Folklore.

John Lambton arrangierte sofort, daß eine mit Klingen verzierte Rüstung für ihn vorbereitet wurde, und machte sich dann auf, um mit dem schrecklichen Feind zu kämpfen. Durch eine flinke und scharfsinnige Schwertführung lockte er den Wurm in das schnellfließende Wasser des Wear. Dort angekommen, erfaßte der Wurm ihn mit seinen Windungen. Aber je intensiver er versuchte, ihn zu erdrücken, desto stärker schnitten ihm die rasiermesserscharfen Klingen auf Lambtons Rüstung in seinen Körper. Durch zusätzliche Schwertstöße zerstückelten die Klingen den Wurm schließlich in mehrere Teile, und die starke Strömung des Flusses trieb sie davon, ehe sie sich wieder verbinden konnten. Somit war der fürchterliche Lambton-Wurm zerstört.

Lambton ging freudig nach Hause, doch obwohl er den Wurm besiegen konnte, bestand sein Fluch fort. Sein Vater, glücklich darüber, daß sein Sohn den Kampf überlebt hatte, war das erste Lebewesen, das ihm entgegenrannte. Als John Lambton dies sah, wurde er ganz blaß in dem Wissen, daß er seinen eigenen Vater töten mußte, um die Sicherheit seiner Nachkommen nicht zu gefährden. Er konnte es einfach nicht tun. Deshalb tötete er seinen treuen Hund in der Hoffnung, daß dieses Opfer genügen würde. Aber es reichte nicht aus, und für die nächsten neun Generationen erlebte jeder Erbe von Schloß Lambton ein tragisches Ende.

Der Guivre und der Gargouille

Drachen sind nicht für schüchternes und verlegenes Verhalten bekannt. Deswegen ist der Guivre ein sehr ungewöhnliches Exemplar.

Im Mittelalter wurde Frankreich regelmäßig von ungeheuren Schlangendrachen bedroht, die Waldungen, Wälder, Flüsse, Bäche und sogar tiefe Brunnen bewohnten.

Viele Schlangendrachen waren berüchtigt für ihren Atem, der jeden vergiftete, der die verfaulten Dämpfe einatmete, und das Gras, auf dem diese widerlichen Reptilien sich wanden, eingehen ließ. Der Atem des Guivre war besonders giftig und verursachte spontan verheerende Seuchen und Krankheiten. Wo auch immmer sich ein Guivre befand, war Tod und Zerstörung, und Frankreich fürchtete um sein Überleben – bis eine außerordentliche Entdeckung gemacht wurde, die eine neue Möglichkeit bot, diese schrecklichen Monster zu bekämpfen.

An einem warmen Nachmittag zog ein junger Bauer, verschwitzt und müde von einem schweren Arbeitstag auf den Feldern, seine Kleider aus und tauchte in das kühle, einladende Wasser des örtlichen Flusses ein, um ein Bad zu nehmen. Erfrischt stieg er eine halbe Stunde später am Ufer wieder aus dem Wasser und wollte sich gerade abtrocknen, als die Büsche beiseite geschoben wurden und sich ein riesiger Guivre herausschlängelte.

Als er dieses Monstrum voller Schrecken anstarrte, war die Angst des Bauern so groß, daß er sich nicht bewegen konnte. Er erwartete, daß er in jedem Moment erstickt, verschlungen oder beides würde. Der Guivre hob seinen abscheulichen, mit Hörnern

Die Schlangendrachen in diesem frühen Stich zeigen das wahrscheinliche Aussehen des wasserspeienden Gargouille, dessen Existenz in Perioden starker Überschwemmungen inspiriert wurde, und des Guivre, der Verkörperung verheerender Epidemien.

besetzten Kopf und starrte wütend auf ihn hinab, bereit, seinen schrecklichen Rachen zu öffnen und die schlimmsten Erwartungen des Bauers zu bestätigen. Als der Guivre aber dessen muskulösen Körper sah und erkannte, daß dieser nackt war, geschah eine erstaunliche Veränderung. Anstatt anzugreifen, schien das Monster zurückzuschrecken. Sein Gesicht wurd von Farbe durchdrungen, während er panisch versuchte, seine Augen von der kräftigen, entkleideten Gestalt abzuwenden. Unglaublich, der Guivre wurd rot. In wenigen Sekunden war die mächtige Schlang geflohen, indem sie schnell durch die Büsche glit

Der erstaunte Bauer verharrte einige Zeit bewegungslos, nicht sicher, ob sie zurückkommen würde, und verblüfft darüber, daß sie sich entfernt hatte.

Kurze Zeit vorher entdeckten andere, daß der Anblick eines nackten Mannes die Guivres ängstigte, während sie keine Hemmungen hatten, bekleidete Männer zu töten. Dieses Wissen wurde effektvoll genutzt, und so stellte man sicher, daß kein Guivre jemals wieder nahe genug an menschliche Wohngegenden kam, um Krankheit und Tod zu verbreiten.

An mittelalterlichen Gebäuden finden sich viele Wasserspeier, die das Wasser von Brüstungsrinnen abfließen lassen sollen – wie dieser auf der Kathedrale von Notre-Dame in Paris.

Tatsächlich verschwanden die Guivres schließlich aus Frankreich. Manche behaupten, daß sie einfach ausgestorben sind; andere, daß sie in Länder wanderten, in denen das Klima das Baden im Freien nicht so zuließ.

Nicht alle Drachen stießen Feuer oder schädliche Dämpfe aus; einige spritzten Wasserfontänen mit einem ähnlich zerstörenden Effekt. Im Jahre 520 wurde Rouen, die Hauptstadt der Normandie, heimgesucht – nicht von einer fremden Armee, nicht einmal von irgendeiner Plage, sondern von etwas weitaus Bedrohlicherem. Es war eines Morgens in der Seine aufgetaucht.

Zunächst erschien ein schuppiger Kopf, der von einem langen Nacken getragen wurde, wie der eines reptilienartigen Schwans. Er war mit einer schlanken Schnauze und einem Schlund ausgestattet und hatte ausgeprägte Augenbrauen, die ein Paar wie Mondsteine leuchtende Augen umgaben. Als das Wasser von den Schultern herablief, offenbarte sich die Kreatur als ein Wasserschlangendrache von kolossaler Größe. Er war umhüllt von einem feinen graugrünen kammuschelartigen Panzer und besaß statt echten Gliedmaßen ein Paar Membranflossen.

Nachdem das Monster seine Umgebung kurz inspiziert hatte, öffnete es sein Maul, und aus seinem Rachen drang ein enormer Wasserstrahl, so daß das Land ringsherum von einer unermeßlichen Flutwelle überrollt wurde. Von diesem Tag an überschwemmte diese Kreatur, die von den Einheimischen rasch der Gargouille (Gurgler) genannt wurde, das Land mit mächtigen Wasserfontänen, bis die gesamte Region durch starke Überflutung gefährdet war. Ackerböden waren zugrunde gerichtet, und viele Menschen starben: Einige wurden vom Drachen gefressen, andere ertranken, als er böswillig ihre Boote umstieß.

St. Romain, der Erzbischof von Rouen, beobachtete diese sich ausbreitende Katastrophe mit wachsendem Schrecken und wußte, daß er handeln mußte, wenn das Land vor der Zerstörung durch den Gargouille gerettet werden sollte. Als er erfahren

Wasserspeier sind normalerweise groteske Vögel oder Biester, etwa wie diese drachenähnliche Figur auf der Notre-Dame. Meistens sitzen sie auf der Brüstung und stehen etwas hervor, damit das Wasser außer Reichweite vom Fundament des Gebäudes herausläuft.

hatte, daß die Kreatur in einer Höhle am Ufer der Seine lebte, entschied er sich, ihr dort gegenüberzutreten und das zu tun, was notwendig sein würde, um ihre Tyrannei für immer zu beenden. Er bat die Bewohner der heimgesuchten Region um Hilfe, konnte aber niemanden finden, der ihn begleiten wollte, bis er einem Gefangenen begegnete, der wegen Mordes zum Tode verurteilt worden war. Da dessen Leben bereits verspielt war, hatte dieser nichts mehr zu verlieren, wenn er einen todbringenden Wasserdrachen in seinem unheimlichen Lager aufspürte, und stimmte somit bereitwillig zu, dem Erzbischof zu helfen.

Kaum hatten die beiden mutigen Männer seine Höhle erreicht, erschien der furchtbare Gargouille, der sich mit offenem Schlund über ihnen aufbäumte und aus seiner Gurgel einen strömenden Wasserfall auspeien wollte, um sie in ein kaltes Wassergrab hinwegzuspülen. Aber als die tödliche Flut im Rachen des Monsters hochbrodelte, schritt St. Romain nach vorne, hob seine Arme über den Kopf und legte zwei Finger gegeneinander in der Form eines Kreuzes. Auf der Stelle sank das schreckliche Biest nach unten, und der bedrohliche Schwall sickerte harmlos als ein fades Rinnsal aus seinem Rachen heraus. Sein schäumender Zorn war vollständig verebbt.

Die Verwandlung war so perfekt, daß der Drache St. Romain sogar erlaubte, ihm dessen Stola um seinen Nacken zu binden, damit der Mörder ihn zurück nach Rouen führen konnte. Als der Gargouille dort angekommen war, versammelten sich die Bewohner, um ihren einstigen Verfolger zu vernichten. Und gemäß deren Forderung wurde das Monster nicht im Wasser getötet, sondern verbrannt, bis nur noch ein Haufen Asche seine Existenz bezeugte.

Diesen warf man in die Seine, doch noch heute erinnert vieles an den angsteinjagenden Gargouille: Die Wasserspeier haben ihren Namen und ihre Fähigkeit, Wasser herauszuspritzen, von diesem berüchtigten Monster erhalten. Ihre grotesken Figuren schmücken unzählige Kirchen und andere Gebäude in der ganzen Welt.

Jormungander, die Midgardschlange

Die Asen – mutige Kriegsgötter aus der fabelhaften skandinavischen Mythologie – traten unzähligen Monstern gegenüber, aber keines ließ sich mit Jormungander, der gigantischen Midgardschlange, vergleichen.

Ausgebrütet von Loki, dem Gott des Bösen, wand sie sich auf der Erde entlang, soweit das Auge reichte, und ihr abscheulicher Drachenkopf und endloser Hals überragten das Land und die Berge wie eine schuppenartige ebenholzfarbige Säule – nur das Angesicht des Todes selbst konnte sie übertreffen. Als diese fürchterliche Erscheinung vor die Asen trat, war es nicht verwunderlich, daß Odin, der Allwissende, sie weit in den tiefsten Ozean hineinschleuderte, wo ihre zappelnde Masse bald vom Sturm der Wellen umhüllt wurde.

Ein Ouroboros, der in einem Manuskript aus dem 15. Jahrhundert abgebildet ist.

Jormungander hörte jedoch nicht auf zu existieren, auch wenn sie aus der Sicht verschwunden war – im Gegenteil. Tief in ihrer Wasserdomäne, weit weg vom Reich der Götter und Menschen, wuchs sie heran, bis ihre mächtige Statur schließlich den Globus umringte. Ihr Rachen ergriff ihr Körperende wie ein kolossaler Ouroboros. Sie sollte hierbleiben bis zur Ragnarök, dem Tag des Letzten Kampfes. Erst dann würde Jormungander befreit werden, und an diesem Tag würde sie dem mächtigsten Asen gegenüberstehen – Thor, dem Gott des Donners.

Lange vor dieser katastrophalen Konfrontation sollten sich diese beiden gewaltigen Kämpfer bei zwei verschiedenen Anlässen begegnen. Das erste Treffen fand während eines Besuchs von Thor bei Utgardloki, dem König der Riesen, statt, der seit langer Zeit ein Feind der Asen war. Da Utgardloki eine Möglichkeit sah, den mächtigen Thor zu erniedrigen, forderte er ihn auf, sich drei physikalischen Prüfungen zu unterziehen. Diese Leistungen konnten von Gott oder Riese nicht vollbracht werden, aber der König beherrschte die Zauberei und die Kunst der Illusion, so daß er ihr wahres Wesen verhüllte. Er täuschte seinen Besucher, indem er die Anforderungen banal wirken ließ. Eine der Prüfungen schien besonders erniedrigend: Über Thors berühmte Kraft spottend, bezweifelte Utgardloki, daß der Gott seine Katze hochheben kann. Voller Wut ergriff Thor das Tier an beiden Seiten, und während er den fauchenden zornigen Körper mit festem Griff in seinen starken Händen hielt, versuchte er ihn vom

„Thor im Kampf mit der Midgardschlange" wurde 1788 von Henry Fuseli gemalt.

Boden zu heben; aber die Katze bewegte sich nicht. Thor konnte das Tier nicht einen Zentimeter nach oben ziehen. Utgardloki lachte laut über diesen Anblick, was Thor noch wütender machte, und feuerte ihn dazu an, einen letzten Versuch zu unternehmen. Mit jeder vor Anstrengung angespannten Sehne und jedem gespannten Muskel zerrte Thor an dem unnachgiebigen Tier des Königs, bis seine Finger zu zerbrechen drohten, aber es gelang ihm, nur eine seiner Pfoten kurz vom Boden zu heben.

Ebenso wurde Thor durch die anderen Prüfungen in Verlegenheit gebracht. Bekannt für seine Trinkfestigkeit, war er nicht imstande, in drei Zügen ein Horn voller Met auszutrinken, das Utgardlokis Untertanen angeblich in zwei oder weniger Zügen austranken. Und am meisten wurde er gedemütigt, als ihn die frühere Kinderpflegerin des Königs, eine schwache alte Frau, in einem Ringkampf in die Knie zwang.

Beschämt und entwürdigt verließ Thor am nächsten Morgen das Königreich von Utgardloki, der ihn weit über seine Reichsgrenzen hinaus begleitete. Erst als sein Land weit genug entfernt und so vor Thors möglichem Zorn geschützt war, bekannte Utgardloki die Wahrheit über die Prüfungen, mit denen er den Gott verspottet hatte.

Das Horn stand in Verbindung mit dem Ozean, und obwohl Thor es deswegen niemals vollkommen hätte austrinken können, war doch sein Erfolg so enorm, daß er die erste Ebbe der Welt verursacht hatte. Die angeblich schwache alte Frau verkörperte das Alter, und niemand, wie stark er auch sein mag, kann es jemals bezwingen.

Am erstaunlichsten jedoch war die Kraft, die Thor mit Utgardlokis Katze demonstriert hatte, denn es handelte sich gar nicht um eine Katze. Die katzenartige Form war nur die Illusion einer ganz anderen Kreatur – der Schlange, die die Welt umringte: Jormungander. Als es Thor gelang, eine der scheinbaren Katzenpfoten hochzuheben, hatte er tatsächlich den Kopf und das Ende dieser großen Midgardschlange nach oben bewegt. Diese Leistung war so enorm, daß Utgardloki große Mühe hatte, seinen Schrecken hinter falschem Gelächter zu verbergen.

Als Thor erfuhr, wie sehr man ihn getäuscht hatte, wollte er den Riesenkönig mit seinem Zauberhammer Miolnir erschlagen, doch Utgardloki war verschwunden; auch die Anwesenheit des Riesen während Thors Abreise stellte nur eine Illusion dar.

Etliche Jahre später befanden sich Thor und ein anderer Riese, Hymir, in dessen Boot beim Fischen im Ozean, und Thor verwendete einen ganzen Ochsenkopf als Köder. Plötzlich erfaßte etwas unbeschreiblich Starkes den Kopf und zog diesen unter die Wellen. Thor wußte genau, daß es nur ein Wesen gab, das solch eine gewaltige Kraft ausüben konnte – die Midgardschlange –, und freute sich über die Gelegenheit, die Drachenschlange aus dem Ozean zu zerren und an die Küste zu schmettern. Er kämpfte mit der riesigen Kreatur, indem er mit all seiner Kraft

Ein silbernes Wikingerarmband aus dem 11. Jahrhundert, in der Form eines zweiköpfigen Drachen.

an der Leine zog, so lange, daß es dem entsetzten Hymir vorkam, als ob dabei ein ganzes Zeitalter verginge. Aber schließlich wurde Jormungander müde, und es sah so aus, daß Thor seinen seit langer Zeit vorhandenen Wunsch erfüllen konnte.

Der unermeßliche, widerliche Kopf der Kreatur stieg aus dem Wasser empor, und Thor wirbelte seinen Hammer Miolnir herum, um dem Monster den tödlichen Stoß zu verpassen; aber genau in diesem Moment verlor Hymir die Nerven. Das schleckliche Antlitz so dicht vor seinen Augen war zuviel für ihn, und er schnitt ohne Zögern Thors Leine durch. Die Midgardschlange sank sofort hinab in die Wellen, während Thor heftig tobte, da ihm schon wieder ein Strich durch die Rechnung gemacht worden war.

Unzählbare Jahrhunderte waren vergangen, als schließlich Ragnarök kam, der lang ersehnte Tag der Letzten Schlacht. Der Ozean schäumte, als der kolossale Drache sich aufmachte, an Land zu gehen, um mit dem einzigen Wesen zu kämpfen, das für ihn eine würdige Herausforderung war. Die Erde bebte unter dem gewaltigen anhaltenden Ansturm des Drachen auf seinen Gegener, und der Himmel erhellte sich, als Thor verbrennende Donnerschläge und helle Blitzpfeile auf seinen todbringenden Feind warf.

Mit einem letzten Kriegsgeschrei hob Thor Miolnir hoch über seinen Kopf, schleuderte ihn rundherum, bis der Himmel sich in einem schwindelerregend schnellen Strudel drehte, und stieß ihn dann mit einem krachenden Schlag, dessen Echo in der ganzen Welt zu hören war, in den knochigen Kopf des Drachen. Tödlich verletzt stieß die Midgardschlange noch einen ohrenbetäubenden Wut- und Schmerzensschrei aus, bevor sie leblos auf den Boden sank.

Thor hatte den schrecklichsten Feind besiegt, der die Asen jemals herausgefordert hatte, aber auch Jormungander konnte den mächtigsten von ihnen schlagen, denn kurz nachdem Thor den Schlangendrachen erschlagen hatte, fiel er tot neben ihn – erstickt durch das stinkende Gift, das mit dem letzten Atem des großen Biestes ausgestoßen wurde.

Jormungander im Begriff, den Ochsenkopf zu verschlingen; dargestellt in einem Manuskript aus Island von 1680.

Kitchi-at'husis und der Riesenblutegel

Die Mythologie der vielen einheimischen amerikanischen Indianerstämme enthält zahlreiche Wasserschlangendrachen mit unterschiedlichen Namen wie Wasserpanther, Wasserbison, Riesenblutegel, Wassergrizzly, große Wasserschlange und gehörnte Schlange.

Weise Schamanen konnten sich dann und wann selbst in diese Wesen verwandeln, und eine dramatische Begegnung zwischen zwei solchen Magiern fand vor langer Zeit im Boyden-See im Bezirk Washington, Maine, statt.

Medshelemet, der Zauberer der Passamaquoddys, traf unter der Seeoberfläche einen Schamanen, der ihn zu einem traditionellen magischen Duell herausgefordert hatte, und jeder verwandelte sich sofort in ein auserwähltes Wesen.

Der Zauberer nahm die Gestalt einer großen schneckenartigen Kreatur an, die als der Weewilmekq oder Riesenblutegel bekannt war. Sein schleimiger Körper hatte ein kariertes Design, und sein abgeflachter Kopf trug ein Paar gebogene Hörner und ein Saugorgan mit einem gezackten Rand. Damit konnte er das Gewebe und die Flüssigkeit seines Opfers aussaugen, bis nur noch eine leere, ausgetrocknete Schale übrigblieb. Als Reaktion darauf verwandelte sich sein Rivale in ein noch schrecklicheres Biest, die zwölf Meter lange Wasserschlange,

Eine frühe Darstellung der Boa zeigt diese mit einem stark geschwollenen Bauch und ein Kind fressend. Bedeutsamerweise hat sie auch den typischen pfeilförmigen Schwanz eines Drachen.

genannt Kitchi-at'husis. Sie hatte einen schuppenartigen Körper, aus ihrem Schädel trieb ein Geweih aus, und sie besaß giftige Fangzähne.

Die zwei Monster waren sich ebenbürtig und umkreisten sich lauernd, da keiner von ihnen bereit war, mit dem Kampf zu beginnen. Dann plötzlich hatten sie sich aufeinandergeworfen und prügelten sich wie zwei Tentakel, während das Wasser wie ein Strudel des Zorns herumwirbelte. Der Weewilmekq zielte auf den Hals von Kitchi-at'husis, denn dort festgesaugt würde er vor den Fangzähnen der Schlange sicher sein, und sein eigenes tödliches Saugorgan hätte Zeit, seine vampirähnlichen Funktionen auszuführen. Kitchi-at'husis schreckte zurück, als ihr Angreifer zuschlug, aber der Weewilmekq war flinker und verankerte sich am Genick der Riesenschlange. Sein Saugorgan begann große Fleischstücke abzutrennen, während sich die verärgerte Kitchi-at'husis wild hin und her wand in dem vergeblichen Versuch, ihren parasitischen Gegner abzuschütteln und mit wenigstens einem einzigen giftigen Fangzahn zuzustoßen.

Als sich das Blut der riesigen Schlange verminderte, fühlte sie sich schwächer. Plötzlich durchfuhr ein Schauder krampfhaft ihre Windungen, sie spürte einen stechenden Schmerz, und dann war Kitchi-at'husis tot. Schlaff trieb ihr Körper auf dem Boden des Sees. Der Weewilmekq, der sich in Medshelemet zurückverwandelt hatte, hob triumphierend den besiegten Rivalen hoch, der seine Schlangengestalt sogar im Tod behielt. Das Saugorgan hatte sich als stärker erwiesen.

Ein anderer gieriger Blutegeldrache, so groß wie ein Haus, mit weißen Streifen, die kreuz und quer über seinen karminroten Körper liefen, besuchte häufig den Zusammenfluß des Valley-Flusses mit dem Hiwassee bei Murphy, North Carolina. Dieses Wasserversteck des Drachen war den einheimischen Cherokee-Indianern als Tlanusi'yi, „Ort des Blutegels", bekannt. Die Bewegungen des riesigen Monsters beim Schwimmen hatten eine derartige Gewalt, daß das Wasser zu kochendem Schaum aufgewühlt wurde.

Jeder, der in die Nähe dieser Kreatur käme, hätte wahrscheinlich keine Überlebenschance. In Sekunden würde der Blutegeldrachen einen Strahl ekelhafter Flüssigkeit über das unglückliche Opfer erbrechen, das dann in den übelriechenden Schlamm des Flußbettes hinabfallen würde.

Regulus und der karthagische Schlangenriese

Es ist nicht nur wahrscheinlich, daß viele Legenden über Schlangendrachen durch Begegnungen mit echten Schlangen inspiriert worden sind, sondern es ist auch möglich, daß einige dieser Schlangen weitaus größer waren als die, die heute bekannt sind.

Die Geschichte von Regulus und dem karthagischen Schlangendrachen scheint dies zu bestätigen. Mehr als 250 Jahre vor Christi Geburt, zur Zeit des Ersten Punischen Krieges (264–241 vor Christus), trug Rom einen besonders bitteren Konflikt mit der altertümlichen Stadt Karthago aus. Sie kämpften um die Kontrolle der Insel Sizilien.

Die römische Armee war unter dem Befehl ihres berühmtesten und furchtlosesten Generals, Marcus Atilius Regulus, triumphierend auf Karthago zu marschiert, das in der Nähe des heutigen Tunis in Nordafrika liegt. Sie hatten den Fluß Bagradas erreicht, als die Armee ohne Vorwarnung auf einen einheimischen Feind stieß, der weitaus bedrohlicher war als jede Verstärkung, die Karthago als Beistand hätte herbeirufen können.

Als das Bataillon, das mit Handwaffen und Kriegsmaschinen bestens ausgerüstet war, den Bagradas überqueren wollte, richtete sich bei einer schlammigen Böschung plötzlich eine riesige Schlange aus dem Schilf auf. Höher und höher stieg ihr abgeflachter Kopf, und die Männer schreckten beim Anblick einer solchen monströsen Gestalt in großer Panik und mit nicht wenig Angst zurück.

Die großen Schlangenaugen glühten wie Laternen, und ihr zorniges Zischen drang in die Ohren der Soldaten, während ihre gabelförmig geteilte Zunge im halboffenen Maul, das voller Fangzähne war, vor- und zurückflatterte. Niemals zuvor hatten die Soldaten so ein Biest gesehen. Als sie es vorsichtig aus der Entfernung beobachteten, wagte sich die Riesenschlange weiter aus dem Schutz des Schilfs heraus.

Stück für Stück schlängelte sich ihr kräftiger, mit Schuppen bedeckter Körper aus dem düsteren Wasser des Flusses, während die ungeheure Kreatur, die mindestens auf 30 Meter geschätzt wurde, die Soldaten anstarrte, die sich am Flußufer versammelt hatten. Sie unternahm jedoch keine Anstrengung, sich anzunähern. Was also sollten sie tun?

Nach einer kurzen Rücksprache mit seinen Offizieren entschied Regulus, den Fluß weiter entfernt zu überqueren. Somit marschierten die Männer flußaufwärts zu einer geeigneten Stelle. Zurückschauend erkannten sie, daß die Schlange verschwunden war, und ohne weitere Umstände began-

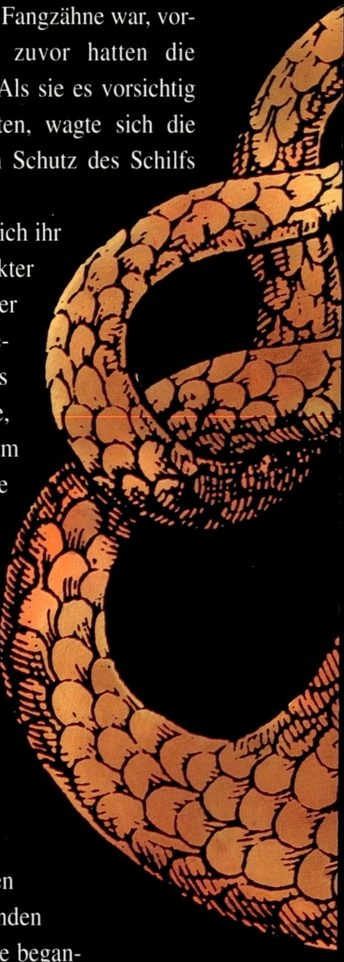

nen sie, den Fluß zu überqueren. Aber kaum hatte der erste Mann den Fluß betreten, fing das Wasser um ihn herum an zu kochen. Sekunden später erschien die monströse Schlange, schnappte den Soldaten mit ihrem Maul, umklammerte ihn und zog ihn unter das Wasser in den Tod. Das gleiche geschah mit dem zweiten Mann, der versuchte, den Fluß zu überqueren, und dann dem dritten und dem vierten. Jeder wurde von der Schlange gefaßt und ertränkt.

Während des folgenden Kampfes verloren noch mehrere Dutzend andere Männer ihr Leben, bis die Bedrohung, die von diesem unmenschlichen Gegner ausging, Regulus veranlaßte, eine wirkungsvolle Strategie anzuwenden.

Auch wenn die Schlange ein einzelnes Wesen war, so war sie in Kriegszeiten doch unbezwingbar und glich einer Festung. Deshalb entschied Regulus, daß seine Armee die Kreatur wie eine echte Festung belagern sollte.

1934 berichteten Bauern in der Nähe von Syrakus in Sizilien, daß sie von einer riesigen und ungewöhnlichen Schlange bedroht würden, die wie ein Dinosaurier aussähe. Man organisierte Jagdtrupps, die sie später töteten.

Die Belagerungsballisten – gewaltige Katapulte, die schweres Gestein werfen konnten – wurden vorgeschoben und ihre Geschosse losgelassen, welche die Riesenschlange mit einer Lawine von Felsbrocken bombadierten. Die Ballisten wurden erneut aufgeladen, und immer wieder wurde gefeuert, so daß sich ihr schlangenhaftes Ziel wegen der vielen Schläge, die es ertragen mußte, vor Schmerz krümmte und zitterte.

Das Biest begann sich gerade zurückzuziehen, indem es langsam unter die Wasseroberfläche tauchte, als plötzlich ein besonders großes Stück Fels hinabstürzte, das mit voller Wucht zwischen seine Augen prallte, seinen Schädel zerschmetterte und es tötete.

Während der Schlangenkörper zusammenbrach, verschwand der Glanz in den Augen, und der spatenförmige Kopf fiel auf das Ufer, beinahe zu Füßen der Soldaten. Ein beträchtlicher Teil des Körpers ragte ebenfalls aus dem Wasser. Als Regulus sicher war, daß ihr Feind wirklich nicht mehr lebte, befahl er seinen Männern, das Tier vom Fluß wegzuzerren und zu häuten. Es stellte sich heraus, daß die Schlange erstaunliche 37 Meter maß – also weitaus länger war als jede Schlange, die heute auf der Welt bekannt ist.

Eine solch prächtige Trophäe konnte schlecht liegengelassen werden. Nach seiner erfolgreichen Rückkehr präsentierte Regulus die Haut und den Schlund der karthagischen Riesenschlange der Stadt Rom, und in Anerkennung seines mutigen Einsatzes

Diese Illustration einer Zeitschrift aus dem 19. Jahrhundert stellt den Angriff eines riesigen Pythons von über 19 Meter Länge dar.

Afrikanische Felsenpythons können sieben Meter lang werden und große Beutetiere wie diese Gazelle verschlingen.

und Erfolgs, so ein Monster zu töten, wurde dem General eine Ovation gewährt – eine Ehre, die von römischen Historikern festgehalten wurde. Was die Schlange angeht, so hatte man ihre sterblichen Überreste in einem Tempel ausgestellt, wo sie betrachtet werden konnten, bis sie während des Numantinischen Krieges gegen die Keltiberer im Jahre 133 vor Christus verschwanden.

Die Identität der Schlange wurde nie festgestellt. Es könnte eine afrikanische Felsenpython gewesen sein, doch selbst wenn die beträchtlichen Klimaveränderungen der letzten 2000 Jahre berücksichtigt werden, ist nicht davon auszugehen, daß in diesem Teil des Kontinents eine existiert hat. Darüber hinaus wurde in Afrika niemals der Fund eines Exemplars aufgezeichnet, das annähernd so lang wie Regulus' Gegner war.

Drache des Poseidon

Perseus, der mutige Kriegersohn des Gottes Zeus und der griechischen Prinzessin Danae, kehrte vom äußersten Ende der Welt zurück nach Hause auf die Insel Seriphos.

Seine kühne Suche hatte Erfolg, und in einem fest verschlossenen Sack trug er ein unvergleichliches Hochzeitsgeschenk für seinen König Polydektes – den Kopf der häßlichen Medusa. Dieses abscheuliche Monster, dessen Haare wilde lebende Schlangen waren, hatte Augen, die die schreckliche Macht besaßen, jeden, der in sie sah, in Stein zu verwandeln. Mit dieser angsteinjagenden Trophäe bewaffnet, würde Polydektes unbesiegbar sein, und so hoffte Perseus, daß er ihn freundlich behandeln würde.

Als Perseus über Äthiopien flog, durch den Himmel getragen mit den geflügelten Sandalen, die er sich vom Boten der Götter, Hermes, ausgeliehen hatte, schaute er nach unten und sah eine junge Frau, die an eine über den wilden Ozean hinausragende Klippe gekettet war. Unzweifelhaft gehörte sie dem königlichen Geschlecht an. Sie hatte goldenes Haar und trug ein wallendes weißes Kleid, an dem die wütenden Wellen mit schäumenden Fingern zogen.

Perseus ließ sich hinuntergleiten, bis er direkt vor der blonden Gefangenen schwebte, und sah, daß ihre Augen voller Grauen auf den Ozean fixiert waren. Es

Piero di Cosimos Gemälde (ca. 1515) zeigt Perseus sowohl in der Luft als auch beim Töten des Drachen. Er trug die geflügelten Sandalen von Hermes und den Helm von Hades, der ihn unsichtbar machte, und hatte Medusas Kopf in einem Sack. Um zu vermeiden, in Stein verwandelt zu werden, als er sie tötete, schützte er sich, indem er seinen Schild so hielt, daß Medusa sich darin spiegelte. Er gab den Kopf schließlich Athene, die ihn auf ihrem Schild befestigte.

Eine wunderschöne Nereide oder Meeresnymphe, eine von Poseidons Begleiterinnen, reitet auf dem ziselierten Deckel einer kleinen Kiste aus der Zeit 130 vor Christus auf dem Rücken eines Seepferdes.

in der Luft hing, trotz ihrer angstvollen Faszination von der See unter ihr anstarrte. Und so offenbarte sie ihm die Ereignisse, die zu ihrem Untergang geführt hatten.

Sie war die Prinzessin Andromeda, Tochter der Cassiopeia, der eitlen, impulsiven Frau von Äthiopiens König Cepheus. Vor kurzer Zeit hatte Cassiopeia in einem Anfall des Stolzes erklärt, daß sie noch schöner wäre als jene unvergleichlichen Seenymphen, die als die Nereiden bekannt waren. Über diese unerhörte Beleidigung erzürnt, hatte der mächtige Meeresgott Poseidon Cetus, einen monströsen Schlangendrachen mit einem gabelförmigen Schwanz, aus der Tiefe des Ozeans gerufen und ihm befohlen, dem Königreich von Cepheus und der unglücklichen Cassiopeia Leid zuzufügen.

Unzählige Menschen und Viehbestände waren bereits wegen dieser Offenbarung göttlicher Vergeltung verschlungen worden, und nach den Angaben eines Orakels würde das Gemetzel bis zur Vernichtung ihres ganzen Landes weitergehen, es sei denn, ihre Tochter Andromeda würde Cetus geopfert werden. Erst dann wäre Poseidons Zorn besänftigt.

Und somit waren der traurige König und die Königin gezwungen, mit brechendem Herzen das Undenkbare zu tun. Andromeda wurde zur höchsten Klippe gebracht, die über Poseidons Reich hinausragte, und dort angekettet, um ihren schrecklichen Tod zu erwarten. Kaum hatte die verzweifelte Andromeda ihre traurige Geschichte erzählt, wurde die Wahrheit ihrer Worte lebhaft bestätigt. Aus der Tiefe des dunklen Ozeans stieg etwas durch die Wellen hinauf.

Zunächst erschien es als ein riesengroßer karminroter Schatten, der plätscherte und bebte, während er immer größer wurde. Dann ähnelte es einem hellen scharlachroten Blutstrudel, der sich windend und drehend der Oberfläche näherte. Plötzlich schoß es durch das Wasser, und der größte Schrecken, der jemals aus dem Reich des Meeresgottes heraufgekommen war, wurde in seiner ganzen schrecklichen Herrlichkeit sichtbar.

Cetus glich einem bizarren Schlangenwal von kolossaler Größe, sein gigantischer ocker- und aquamarinfarbener Schwanz war mit unzähligen Ringen aus undurchdringlichen Schuppen bedeckt. Sein Kopf übertraf den eines Jagdhundes, und zwei elfenbeinerne Stoßzähne standen aus seinem Rachen hervor. Obwohl er gliedlos war, bewegten sich bei seinem breiten gepanzerten Brustkorb unruhig ein Paar Membranflossen hin und her. Am spektakulärsten jedoch war der glänzende, blutrote Kamm, der wie ein feuriger Wimpel auf dem Scheitel seines Schädels saß, und dessen Bewegung während des Aufstiegs des Ungeheuers unter Wasser den Eindruck vermittelte, ein karminroter Schatten bzw. ein scharlachroter Strudel würde sich nähern.

Die Augen des Meeresdrachen glitzerten in bösartiger Verzückung. Inmitten der Flammen von kaltem blauen Feuer versuchte sich das Spiegelbild der Prinzessin zappelnd und lautlos schreiend von den Fesseln zu befreien. Das Spiegelbild vergrößerte sich, als Andromedas Nemesis zu ihr hinschwamm, den Kopf hoch über den Wellen haltend wie das Vordersteven einer Galeone.

Von Perseus nahm Cetus keine Notiz und indem er sich so verhielt, besiegelte er sein Schicksal. Perseus war nämlich mit einem guten Schwert ausgestattet, mit dem er erst kürzlich den Kopf der Medusa von ihrem mit einer Panzerung umhüllten Hals und ihren Schultern getrennt hatte.

Während des gnadenlosen Ansturms des Drachen auf die scheinbar wehrlose Prinzessin, bemerkte er ihren fliegenden Beschützer nicht, der unterhalb seines weitgeöffneten Rachens schwebte. Dann stieß Perseus' Klinge in einem passenden Augenblick durch die Platten, die seinen Brustkorb bedeckten, tief in sein Herz.

Einmal, zweimal, dreimal durchbohrte des Kämpfers Schwert die pulsierenden Tiefen, und Cetus fiel in sich zusammen. Sein Leben verebbte in kleinen Bächen von dunkel werdendem, gerinnenden Blut. Bald sah man es überall, und der Kadaver sank unter die Wasseroberfläche des Ozeans. Erschöpft befreite Perseus Andromeda von ihren Ketten. Voller Tränen umarmte sie ihn, und als er in ihre Augen sah, verrieten ihre unausgesprochenen Worte, daß seine Suche nach einer Traumfrau zu Ende war, ehe sie begonnen hatte.

Der Schlangendrache des Perseus-Mythos könnte durch den seltenen Anblick des Riemenfisches inspiriert worden sein. Dieses Tiefseegeschöpf kann eine Länge von 18 Metern erreichen, seine Flossen sind korallenrot, und seine Rückenflosse kann zu einem Kamm aufgestellt werden.

Aber was geschah mit dem Kopf der Medusa? Nach ihrer Hochzeit in Cepheus Königreich ging Perseus mit seiner Braut nach Seriphos, wo er seine Trophäe, den häßlichen Kopf, König Polydektes anläßlich dessen bevorstehenden Hochzeit präsentieren wollte.

Zu seiner Bestürzung entdeckte Perseus, daß Polydektes während seiner Abwesenheit Danae, Perseus' Mutter, mit ungewünschten Aufmerksamkeiten bedrängt hatte. Es wurde bekannt, daß die Pläne des Königs, jemand anderen zu heiraten, eine Täuschung waren, um Perseus auf die Suche zu schicken, die für ihn tödlich enden sollte. Dies hätte Polydektes ermöglicht, Danae nachzugehen, die ohne Zweifel das wahre Objekt seiner Begierde war. – Es gab nur einen einzigen Weg, diese Travestie zu beenden.

Perseus verlangte eine Audienz bei Polydektes und zeigte ihm sein Geschenk, indem er den Kopf aus dem Sack nahm. Dann schritt Perseus aus dem Palast und hinterließ den Höflingen die versteinerte Statue, die ihr König gewesen war.

Leviathan

„Diese gewundene Schlange ... der Drache, der im Meer ist.“ Somit war Leviathan – beschrieben im Buch Jesaja – das erstaunlichste und spektakulärste von Gottes Biestern.

Am fünften Tag der Schöpfung, dem Tag, an dem Gott alle Kreaturen im Meer erschuf und Leben in sie hauchte, formte Er den mächtigen und großartigen Schlangendrachen Leviathan, der ein großes Meeresreich beherrschen sollte. Die grenzenlosen Windungen seines unermeßlich langen Körpers waren umhüllt von einem undurchlässigen Mantel sich überlappender Schuppen, und er zappelte im Wasser mit einer solch explosiven Kraft, daß die Tiefen des Ozeans wie in einem unergründlich großen Kessel brodelten. Seine glühenden Augen, über 300 an der Zahl, leuchteten mit ihrem strahlenden Glanz weit über das Meer und zum Himmel. Kochendheißer Dampf drang aus seinen sich erweiternden Nüstern, und brennende Feuerzungen stießen aus seinem gewaltigen Rachen.

Keine tödliche Waffe konnte den schimmernden Panzer von Leviathans Schuppen durchdringen, kein Lebewesen der Erde sich seinem Willen widersetzen und nichts auch nur einen Anflug von Angst in seinem starken, unzerstörbaren Herzen hervorrufen. Über tausend Kilometer lange Drachen wurden wie Mäuse verschlungen, und der Wasserspiegel des Jordans nahm gewaltig ab, wenn das Wasser in seinen Rachen floß, der mit Zähnen in einer angsteinjagenden Größe und Menge gefüllt war. Während seines Weges durch den Ozean glitzerten die Wellen, als ob sie mit phosphoreszierendem weißen Frost übersät wären, und die ganze Welt staunte über das Wunder des Leviathan.

Ursprünglich hatte Gott ein Paar von diesen phantastischen Biestern erschaffen, doch als deutlich wurde, daß ihre Macht so furchteinflößend war, daß eine Rasse von solchen Kreaturen die ganze Welt bedrohen würde, zerstörte Gott einen von ihnen und kreierte dafür den Stichling. Dieser winzige, scheinbar harmlose Fisch, wurde von Gott dazu bestimmt, den wilden Ausschweifungen des überlebenden Leviathan entgegenzuwirken, dem Er – um den Verlust des Partners auszugleichen – Unsterblichkeit gewährt hatte.

Seitdem hat Gott in den letzten drei Stunden eines jeden Tages mit Leviathan gespielt, sich mit seiner monströsen Kreation vergnügt – und das wird bis zum Jüngsten Tag so bleiben. Erst dann wird Leviathan vom Erzengel Gabriel getötet und anschließend sein Fleisch von den Gerechten gegessen, die in einem prächtigen Zelt wohnen werden, das aus einem Teil seiner schillernden schuppenartigen Haut errichtet sein wird. Die Hautüberreste Leviathans werden an den Wänden Jerusalems befestigt, damit sie jede Stelle der Erde beleuchten.

Über Jahrhunderte hinweg haben Bibelwissenschaftler sehr viel Zeit und Energie in die rätselhafte Identität Leviathans gesteckt. Könnte dieses maje-

Die ungeheure Größe und Macht Leviathans wird auf Illustrator Arthur Rackhams schönem Aquarell vom großen Schlangendrachen in seinem Märchenbuch eindrucksvoll vermittelt.

Arthur Rackham
1908

stätische Symbol für die Macht Gottes auf einer echten Kreatur beruhen? Der populärste Kandidat ist für die Forscher das Nilkrokodil, das in biblischer Zeit im Mittleren Osten existierte. Während Leviathan ein Meerestier war, ist diese Spezies jedoch auf Frischwassergebiete beschränkt. Das Nilkrokodil hat einen länglichen, schuppenartigen Körper von beträchtlicher, wenn auch nicht kolossaler Größe, einen starken Nacken, glitzernde Augen und zahlreiche große und scharfe Zähne, aber es fehlen ihm doch die rauchenden Nüstern und die Flossen des Leviathan.

Wale ähneln dem Leviathan ebenfalls sehr. Einige Spezies sind tatsächlich riesig, haben eine verhältnismäßig stromlinienförmige Gestalt und besitzen Flossen, manchmal auch große Zähne. Sie sind ebenso mit Nüstern ausgestattet, die beim Ausatmen des Wals Wasser absondern, womit der Dampf aus den Nüstern des Leviathan erklärt werden könnte, haben allerdings weder Schuppen noch glänzende Augen, und ihre Nacken sind kurz.

Vor kurzer Zeit wurde eine besonders interessante Kreatur als mögliche Inspiration für den Schlangendrachen Leviathan in Betracht gezogen. Könnte Leviathan auf ein mysteriöses, noch unentdecktes Meeresbiest zurückgeführt sein, das momentan verschiedene Berichte über Schlangendrachen veranlaßt?

Die Geschichte vom Leviathan hat die Phantasie des französischen Holzschnittmachers und Künstlers Gustave Doré inspiriert. Dieser Holzschnitt erschien in einer Bibelausgabe aus dem Jahre 1860.

Die Beschreibung Leviathans in der Bibel und viele Illustrationen, die von ihr angeregt wurden, erinnern an diverse längliche, reptilienartige rätselhafte Kreaturen, die von verläßlichen Augenzeugen in vielen maritimen Gegenden gesichtet worden sein sollen. Die biblische Schilderung ähnelt besonders einer angeblich längst ausgestorbenen drachenähnlichen Wasserreptilienart, die als Mosasaurus bekannt ist.

Vielleicht wird der Tag kommen, an dem die Wissenschaft auf das Exemplar eines schwer bestimmbaren, reptilienartigen Meeresmonsters des Ozeans stößt, dieses erforscht und klassifiziert, so daß wir Leviathan, die größte Meeresbestie überhaupt, dann endlich identifizieren können.

Ein weiteres zoologisches Rätsel aus der Bibel, das eng mit dem des Leviathan verknüpft ist, ist Behemoth. Leviathan wird traditionell für einmalig

William Blakes handgefärbter Stich von Leviathan und Behemoth gehört zu den Illustrationen im Buch Hiob (1825), die den Höhepunkt seiner künstlerischen Tätigkeit darstellen.

und männlich gehalten, erscheint im Buch Enoch in den Apokryphen jedoch als weibliche Kreatur. Ihr männliches Gegenstück soll Behemoth sein, der eine grenzenlose Wüste mit dem Namen Dendain bewohnen und dort bis zu seinem Tod am Jüngsten Tag bleiben würde.

Diese nicht identifizierte Kreatur, von der behauptet wird, daß sie elf Kilometer lang sei, wird detailliert im Buch Hiob im Alten Testament beschrieben: „Siehe da den Behemoth, den ich geschaffen habe wie auch dich. Er frißt Gras wie ein Rind ... Sein Schwanz streckt sich wie eine Zeder; straff sind die Sehnen seiner Schenkel verflochten. Seine Knochen sind wie eherne Röhren, sein Gebein wie Eisenstangen ... Die Berge tragen ihm Futter zu, und alle wilden Tiere spielen dort. Er liegt unter Lotosbüschen, im Schilf und Schlamm verborgen. Lotosbüsche bedecken ihn mit Schatten, und die Pappeln am Fluß umgeben ihn. Schwillt auch der Strom gewaltig an, er zittert nicht und bleibt ruhig, auch wenn ihm die Flut ins Maul dringt."

Traditionell wird Behemoth als Nilpferd oder Krokodil angesehen. Aber keines dieser beiden Tiere paßt optimal auf die Beschreibung. Behemoths Schwanz, der sich „wie eine Zeder" streckt, deutet auf ein langes, kräftiges Anhängsel hin – weit entfernt vom kurzen, bedeutungslosen Schwanz des Nilpferdes. Und ein Krokodil als Vegetarier, das „frißt Gras wie ein Rind", wäre ganz sicher ein seltenes Lebewesen.

Der amerikanische Biologe Professor Roy Mackal hält es für möglich, daß Behemoth eine unentdeckte fortbestehende Art von einem langhalsigen Dinosaurier ist, der dem Diplodokus und Apatosaurus gleicht. Ein solches Biest wäre der Beschreibung Behemoths in der Bibel sicher sehr ähnlich.

Schlangendrachen und Schlangenwale

Leviathan dürfte nicht die einzige Schlangendrachenart sein, deren Existenz sicher von realen Kreaturen inspiriert wurde, die die offizielle Wissenschaft noch nicht entdeckt hat.

Viele Wasserschlangendrachen – besonders diejenigen, deren Körper angeblich so gelenkig waren, daß sie mit wellenartigen Bewegungen schwimmen konnten – scheinen einigen mysteriösen Wassermonstern ähnlich zu sein, über die heute berichtet wird.

Kanadas Okanagan-See, Neuguineas Dakataua-See, der Flathead-See in den Vereinigten Staaten und die Küsten Britisch-Kolumbiens, Skandinaviens und Massachusetts' gewähren solchen Wasserschlangendrachen angeblich Zuflucht. Ihre Beschreibung paßt nicht auf etwas, das heute bekannt ist, erinnert aber stark an einen ungewöhnlichen fischfressenden Wal, von dem Paläontologen annehmen, daß er – geologisch gesehen – erst kürzlich, nämlich mindestens bis vor 25 Millionen Jahren, existiert hat.

Diese sogenannten Zahnwale hatten nur kleine Flossen, einen flexiblen Hals und eine Gesamtlänge von manchmal mehr als 18 Metern. Während echte Schlangen ihren Körper nur in horizontale Windungen biegen können, waren Zahnwale in der Lage, sich senkrecht wellenförmig fortzubewegen – wie viele See- und Meeresmonster in modernen Geschichten und Wasserschlangendrachen in Legenden.

Im Gegensatz zu heutigen Walen könnte es Zahnwalen sogar möglich gewesen sein, an Land zu gehen, um sich zu paaren und zu gebären. Wenn dem so war, bewegten sie sich wahrscheinlich wie Riesenraupen, die dabei ihren Körper horizontal auf- und niederkrümmten. Der Anblick solcher Biester könnte sicher zu Geschichten über große Schlangendrachen motiviert haben.

Die Ozeane sind unvorstellbar tief, und viele spektakuläre Wassertierarten werden noch entdeckt. Einige der größeren, weniger erforschten Flüsse und Seen offenbaren erstaunliche Kreaturen, die den Zoologen unbekannt sind. Es wäre voreilig, den möglichen Fortbestand einer Zahnwalart zu bestreiten, auf die Schlangendrachen zurückgeführt sein könnten.

Ein früher Wal, der Basilosaurus, mit seinem langen schlangenartigen Körper, kleinen Kopf und wellenförmigen Bewegungen mag die Urform der Wasserschlangendrachen gewesen sein.

Kapitel 2

HALB-DRACHEN

Der Lindwurm und der Wyvern sind irgendwo zwischen Drachen und Schlangen einzuordnen. Während der zweibeinige, flügellose Lindwurm näher mit den Schlangen verwandt ist, ähnelt der Wyvern, der nicht nur ein Paar Beine hat, sondern auch zwei Flügel, mehr den klassischen Drachen.

Die Braut des Lindwurm-Königs

Normalerweise begegnete man dem Lindwurm auf Friedhöfen, wo er menschliche Leichen verschlang. Manchmal drang er dort auch in Kirchen ein.

Viele von diesen lebten in den Bergregionen Zentraleuropas. Der kunstvolle drachenförmige Springbrunnen in Klagenfurt, Österreich, ist tatsächlich von der Entdeckung eines angeblichen Lindwurmschädels im Jahre 1335 geprägt, der sich später als Schädel eines Nashorns entpuppte.

Das bevorzugte Land des Lindwurms war jedoch Schweden. Vor vielen Jahrhunderten lag hier die Königin in ihrem Schlafzimmer, und die Geburt ihrer Zwillinge stand kurz bevor. Ihr jahrelanger Kinderwunsch sollte nun endlich in Erfüllung gehen. Sie schmunzelte, als sie an den Wahrsager zurückdachte, den sie aufgesucht hatte. Dieser sicherte ihr zu, daß sie in weniger als einem Jahr zwei hübsche Jungen zur Welt bringen würde – vorausgesetzt, sie würde zwei rohe Zwiebeln essen, sobald sie in den Palast zurückgekehrt wäre.

Dieser Rat erschien der Königin sehr ungewöhnlich, doch hocherfreut über die Chance, die sich ihr bot, eilte sie schnell nach Hause und ignorierte die Stimme des Wahrsagers, der ihr nachrief. Dort angekommen, verlangte die Königin, daß ihr zwei frische Zwiebeln gebracht werden.

Die Königin war aufgrund des Versprechens so aufgeregt, daß sie die erste Zwiebel aß, ohne vorher die Schalen zu entfernen. Da diese wie zu erwarten widerlich schmeckte, nahm sich die Königin trotz ihrer Ungeduld die Zeit, die zweite Zwiebel zu schälen. Ehe sie sie aß, zog sie jede Hautschicht ab.

Neun Monate waren seitdem vergangen, und nun würden ihre Söhne gleich geboren werden – wie es der Wahrsager voraussah.

Vor dem königlichen Schlafzimmer warteten die Höflinge und Bediensteten des Palastes auf die offizielle Geburtsankündigung der neuen Prinzen, als plötzlich das Echo eines ohrenbetäubenden Schreis aus dem Zimmer drang. Es war aber nicht der kräftige Schrei eines gerade auf die Welt gekommenen Babys, sondern ein schrecklicher Aufschrei – das Jammern der königlichen Hebamme, als sie das erste Kind der Königin erblickte. Dieses war männlich, aber nicht menschlich.

Die Königin hatte einen Lindwurm geboren, einen abscheulichen, schlangenartigen Drachen, dessen flügelloser schuppiger Körper, zu dem zwei kräftige Glieder mit klauenartigen Füßen gehörten, auf dem Marmorboden herumzappelte. Von der Kreatur so angewidert, daß es der Königin noch nicht einmal möglich war zu flüstern, und schon gar nicht zu schreien, beugte sie sich hinunter, nahm den jungen Lindwurm in ihre Hände und warf ihn durch das Fenster hinaus in den dichten Wald, der den Palast umgab. Von all der Anstrengung geschwächt, sank die Königin zurück auf das Bett und gebar wieder, diesen Mal einen

Ein prächtiger Lindwurm wird in den alchimistischen Rollen von Sir George Ripley dargestellt, der im 15. Jahrhundert in England lebte.

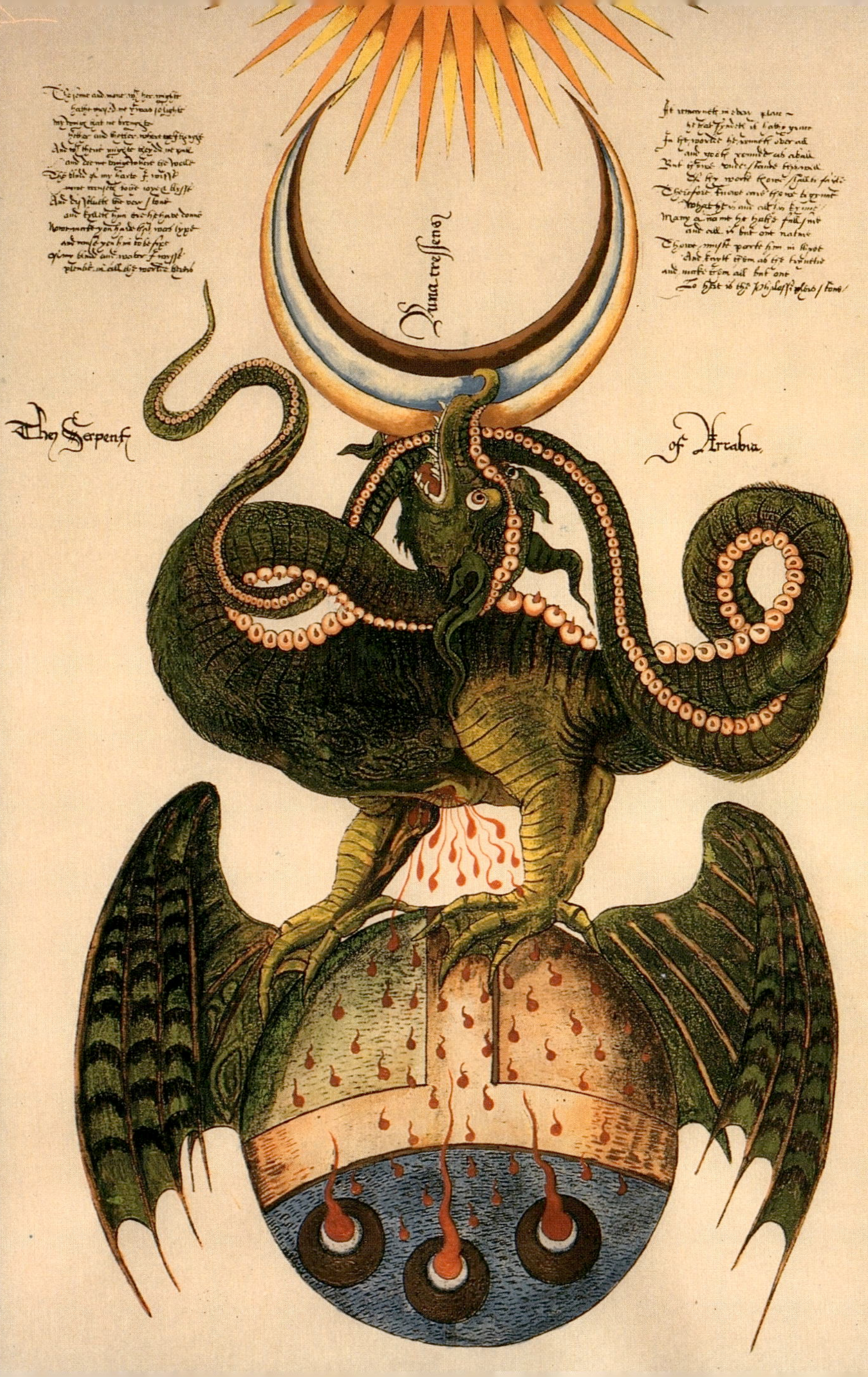
Luna cressens
The Serpent of Arabia

gesunden Jungen mit einem rosigen Gesicht, goldenen Haaren und glänzenden Augen.

Die Jahre vergingen, und der Junge wuchs zu einem jugendlichen Prinzen heran, der schließlich auf der Suche nach einer Braut war. Doch was er fand, war sein Bruder, der Lindwurm. Der Prinz ritt gerade am Rand des weiten Waldes, der den Palast umgab, entlang, als sich ohne Vorwarnung ein riesiger Kopf direkt vor ihm aus einem dornigen Busch streckte. Sich vor ihm aufrichtend, bis sein grüngeschuppter Körper einem hochgewachsenen Baum glich, blickte der Lindwurm mit seinen bernsteinfarbenen Augen eindringlich auf den Jüngling und stieß zu dessen innersten Gedanken vor. Während der Prinz bewegungslos zurückstarrte, vernahm er die kalte, reptilienartige Stimme seines Bruders, der ihm versicherte, daß er keine Frau finden würde, bis er, der ältere Sohn der Königin, die wahre Liebe einer willigen Braut erfahren würde.

Demzufolge führte man dem Lindwurm in den nächsten Monaten eine Reihe junger Frauen aus dem Dorf vor, in der Hoffnung, daß einer erfolgreichen Brautsuche des Prinzen bald nichts mehr im Wege stehen würde. Doch keine der jungen Frauen kam freiwillig, und somit wurde von dem Monster auch keine akzeptiert. Die Situation erschien aussichtslos, bis die nächste junge Dame, die für den Lindwurm ausgewählt war, dem Wahrsager begegnete, den die Königin viele Jahre vorher konsultiert hatte. Nachdem er dem Mädchen, das ihm von der drohenden Katastrophe erzählte, zugehört hatte, flüsterte er einige Worte in ihr Ohr, die ihre Traurigkeit schnell in ein Lächeln verwandelten.

In dieser Nacht wurde die junge Frau dem Lindwurm vorgestellt, der ihr barsch befahl, daß sie ihre Kleider ausziehen sollte, von denen sie offensichtlich eine erstaunliche Anzahl trug. Sie stimmte zu, nachdem sie dem Lindwurm das Versprechen abgerungen hatte, daß er für jedes Kleid, das sie auszog, eine Schicht seiner Haut ablegen würde. Das Ungeheuer hielt sein Wort und besaß nur noch eine Hautschicht, als die Frau bis auf ein einziges Kleidungsstück alles ausgezogen hatte.

Obwohl sie den Worten des Wahrsagers vertraute, entfernte sie nicht ohne Nervosität dieses letzte Kleid und stand nackt vor dem großen Monster. Der Lindwurm bewegte sich auf sie zu, und das Mädchen erstarrte – voller Angst, aber auch bereit für das, was kommen würde, denn wenn der Wahrsager recht hatte, würden viel Freude und Liebe vor ihr liegen. Und so

Ein heraldischer Schild, am Haupteingangstor des Physic Garden in London, zeigt den Sonnengott mit dem Monddrachen, der einem Lindwurm ähnelt.

stand sie bewegungslos da, als das schlangenartige Ungeheuer gemächlich und beinahe zärtlich ihren Körper in seine schuppigen Windungen hüllte. Sie hatte erwartet, daß es sich kalt und schleimig anfühlen würde, und war angenehm überrascht über die Wärme und Sanftheit, mit der sie umarmt und gestreichelt wurde. Trotzdem fühlte sie einen Schrecken und das Bedürfnis zu fliehen in sich aufkommen. Dann dachte sie aber wieder an die Worte des Wahrsagers, die sie beruhigten, und entspannte sich.

Sie bemerkte, daß sich die letzte Hautschicht des Lindwurms, die so dünn war, daß sie beinahe durchsichtig schien, zu lösen begann und so zurückfaltete, daß sie einem Haufen verwelkter Blätter ähnelte. Gleichzeitig erschien ein grüner Nebel, der den Lindwurm umgab, bis die junge Frau die Anwesenheit der Kreatur nur noch durch die Umarmung seines gelenkigen Körpers wahrnahm. Allmählich verschwand der Nebel und offenbarte, daß sie nicht mehr von einem Lindwurm, sondern in den Armen des attraktivsten Mannes gehalten wurde, den sie je gesehen hatte. Der Wahrsager hatte tatsächlich recht. Indem die junge Frau seine Anweisungen befolgte, wurde die Verzauberung aufgehoben, die den älteren Prinzen im Körper des Lindwurms gefangenhielt. Ihm, dem Erben des Throns, wollte sie auf jeden Fall eine willige Braut sein.

Ohne Verzögerung fand ihre fröhliche Hochzeit statt, und nachdem die alte Königin dem frischvermählten Paar, nun König und Königin, ihren Segen gegeben hatte, spürte sie ein leichtes Klopfen auf ihrer Schulter. Es war der Wahrsager, der jetzt die Worte wiederholte, die sich die Königin vor so vielen Jahren in ihrer Eile nicht mehr angehört hatte: Sie sollte die beiden Zwiebeln erst dann essen, wenn sie ganz sicher geschält waren.

Auf diesem Holzschnitt aus einem Märchenbuch beobachtet der Lindwurm zärtlich die junge Frau, zu deren Füßen die erste seiner vielen Hautschichten liegt.

Siegfried und der Tod von Fafnir

Einige Jahre nach dem Tod Sigmunds,
des letzten Kriegerkönigs der Wälsungen,
heiratete seine Witwe Königin Hiördis
König Alf von Dänemark

Er war ein guter Mann, der seinen Stiefsohn Siegfried liebte wie seine eigenen Söhne – vielleicht sogar noch mehr, denn nur Siegfried besaß den Mut eines Wikingerkönigs, was umso ironischer war, da er Alf niemals auf den Thron folgen konnte.

Ein anderer jedoch würdigte die vielversprechende Heldenhaftigkeit, die Siegfried an den Tag legte – der Zwerg Regin, der viele Jahre lang auf Alfs Hof gelebt hatte. Sein listiger Verstand begann ein Netz der Irreführung zu spinnen, in das er den ahnungslosen Jüngling locken wollte. Denn, wenn ein bestimmter Drache getötet werden würde, könnte Regin unermeßlichen Reichtum und Macht erlangen, und von allen Sterblichen schien nur Siegfried in der Lage, eine solche Tat zu vollbringen.

Eines Tages bemerkte Regin scheinbar unschuldig, wie traurig es doch sei, daß, während all seinen Stiefbrüdern als Erben ihres Vaters Herrschaft, Stellung und Ehrfurcht gesichert wären, er nichts Vergleichbares in Aussicht hätte – außer, er entschied sich, in der Tradition seiner Vorfahren, der Wälsungen, Ruhm als angstloser Krieger zu erlangen.

Siegfried gefiel diese Idee und war deshalb leicht zu überreden. Und Regin verlor keine Zeit, ihm von einem schrecklichen Drachen mit dem Namen Fafnir zu erzählen, der sich gewöhnlich in einem unfruchtbaren Reich, bekannt als Gnitaheide, aufhielt und dort einen großen Schatz bewachte. Solch ein Monster zu töten, würde Siegfried große Ehre und Achtung einbringen. Desinteresse für den Schatz vortäuschend, versprach Regin, daß, wenn Siegfried diese kühne Tat wagen wollte, er ihn begleiten und ihm bei der Vernichtung der angsteinjagenden Kreatur beratend zur Seite stehen würde.

Außerdem versprach Regin Siegfried, daß er die beiden Hälften des wunderbaren, glänzenden Schwerts Gram, das seinem Vater gehörte wieder zu einem neuen ganzen Schwert zusammenfügen würde. So wäre garantiert, daß Siegfrieds Konfrontation mit dem Drachen erfolgreich enden wird. Wie Regin erwartet hatte, war für Siegfried bereits dieses Versprechen, Gram wiederherzustellen, verlockend genug, um auf sein Vorhaben einzugehen. Und nicht viel später ritten die beiden durch die einsame Heidelandschaft, die zu ihrem Opfer führte.

Siegfried kannte Regin gut genug, um zu wissen, daß das Interesse des Zwerges, den Drachen aufzusuchen, von Habsucht geprägt war. Er konnte jedoch kaum die dunklen Hintergründe und die schreckliche Tücke Regins erahnen.

Unzählige Jahre vor der Geburt Siegfrieds wurde ein geiziger Zwergenkönig von einem seiner Söhne

Im Jahre 1880 porträtierte Konrad Dielitz Siegfried als einen mutigen, romantischen, wahrhaft nordischen Helden im Kampf mit einem großen furchterregenden Feind, wie es für mittelalterliche Legenden typisch war.

umgebracht, weil er den riesigen Schatz des Königs aus Gold und Juwelen begehrte. Dieser Sohn hieß Fafnir, und Fafnirs Bruder war Regin.

Nachdem er den Reichtum seines Vaters an sich gerissen hatte, zog sich Fafnir damit nach Gnitaheide zurück und bewachte ihn streng. Der Schatz war jedoch vom Fluch seines verstorbenen Vaters befleckt, der Fafnir eine schreckliche Veränderung bescherte, die von seinem eigenen korrupten Wesen angeregt wurde. Als der Zwerg das Vermögen mit Verzückung und gierig wie ein Drachen betrachtete, wurde er in einen riesigen und furchtbaren Lindwurm verwandelt, dessen große Krallen die kalten, glitzernden Münzen und Juwelen streichelten, die überall haufenweise herumlagen und von seinem funkelnden, schlangenartigen, mit Schuppen bedeckten Körper umhüllt wurden.

Seit Jahrhunderten nagten Träume von diesem Schatz in Regins Kopf. Er wartete auf eine Gelegenheit, sich ihn anzueignen, und jetzt war sie mit Siegfried, einer unwissenden Schachfigur, gekommen. Nachdem Fafnir getötet wäre, gehörte Regin dessen Reichtum und zudem eine geheime wertvolle magische Macht. Siegfried würde er dann nicht mehr brauchen. Ein Lächeln, so dunkel und frostig wie seine Gedanken, flackerte wie eine Schlangenzunge über Regins Gesicht, während er hinter Siegfried auf Fafnirs Höhle zuritt.

Als sie die Höhlenöffnung erreichten, war der Drache nirgends zu sehen, denn in dieser Zeit nahm er gewöhnlich seinen täglichen Trunk an einem nahegelegenen Strom zu sich. Aufgrund seiner prächtigen Schuppen konnte Fafnir kaum mit Waffen bezwungen werden, nur sein Bauch war verletzbar – er sollte die Stelle für den tödlichen Stoß sein. Regins Rat

Die Geschichte von Siegfried hat in Deutschland schon immer eine große Anziehungskraft ausgeübt. Sie inspirierte eine Oper Richard Wagners, und dieses Standfoto gehört zu dem zweiteiligen Film „Die Nibelungen“, der 1923–24 von Fritz Lang gedreht wurde.

befolgend, grub Siegfried ein tiefes Loch in den Heimweg Fafnirs und versteckte sich darin. Die Öffnung tarnte Regin mit Zweigen.

Für Siegfried schlichen die Stunden wie Ewigkeiten dahin, während er still im Loch saß. Dann plötzlich erreichte ein zischendes Geräusch seine Ohren. Etwas außerordentlich Großes und Schweres bewegte sich auf dem Pfad entlang auf sein Versteck zu. Es war Fafnir.

Siegfried hielt den Griff von Gram fest in beiden Händen und hob seine tödliche Waffe senkrecht hoch, bis sich deren Spitze direkt unter der verborgenen Öffnung des Verstecks befand. Kaum hatte er dies getan, standen schon ein Paar riesige Gliedmaßen rechts und links neben dem Loch, und der Lindwurm begann, sich darüber hinwegzubewegen – seinen ungeschützten Bauch der Gefahr aussetzend. Mit aller Kraft stieß Siegfried Gram nach oben und fühlte die Schneide in Fafnirs Rumpf eindringen. Die tiefe tödliche Wunde ließ den Drachen einen Schmerzenschrei ausstoßen, ehe sein Kadaver zu Boden stürzte.

Eine Schnitzerei in der Kirche in Hylestad, Norwegen, zeigt Siegfried im Versteck sitzend, während er sein Schwert in Fafnir stößt.

Kaum war Siegfried aus dem Loch geklettert und hatte sein Schwert zurückgeholt, erschien Regin, dessen Augen vor Entzückung glänzten. Ohne ein Wort nahm er seine eigene Waffe, einen kurzen, aus einem mysteriösen Metall geschlagenen Dolch, und zog mit seiner scharfen Spitze das Herz des Lindwurms heraus. Anschließend wandte er sich Siegfried zu und bat ihn, ein Feuer zu machen, das Herz darauf zu rösten, und es ihm dann zu essen zu geben. Regin behauptete, es handle sich hier nur um eine Geste, und der Jüngling sah trotz seines Argwohns keine Veranlassung, dies zu bezweifeln. Regin hatte bis jetzt schließlich sein Wort gehalten.

Siegfried kam Regins Bitte nach, doch ehe er dem Zwergen das Herz überreichte wollte, berührte er es mit einem Finger, um zu testen, ob es gar war. Dabei verbrannte sich Siegfried und steckte den Finger in seinen Mund, um die Schmerzen zu lindern. Sofort hörte er schnatternde Stimmen über ihm. Er blickte nach oben, und zu seinem Erstaunen erkannte er, daß die Stimmen den Vögeln gehörten, die über ihm auf einem Baum saßen. Fafnirs Herz hatte ihm die Macht gegeben, die Sprache der Tiere zu verstehen. Doch während er zuhörte, schlug das Staunen in Beunruhigung um, den die Vögel sprachen über Regins Plan, Siegfried zu ermorden.

Erzürnt rannte der Jüngling sofort zu Regin, und als er in die boshaften Augen des Zwerges sah, erkannte er nur zu deutlich die Wahrheit der Worte der Vögel und die Täuschung Regins. Wenige Augenblicke später forderte Gram ein zweites Opfer, und Regins Kopf rollte den Pfad entlang, bis er neben dem Kadaver seines Bruders Fafnir liegenblieb. Siegfried ging daraufhin in die Höhle hinein, um den Schatz zu holen, der, was er nicht wußte, noch immer mit dem Fluch verbunden war.

Maud und der Wyvern

Das Bild des Wyvern ist so vielfältig wie es augenscheinlich ist, und wenige Drachen sind mit der Symbolik so eng verbunden wie die Wyvern.

Sie erscheinen als Symbol des Neides, Insignien des Krieges, Personifizierungen von Plagen, stehen für unverwandelte Substanzen in der Alchimie, verkörpern das Böse und sind ein weitverbreitetes Wappenbild in der Heraldik. Selten jedoch rufen sie Gefühle der Freundschaft oder Liebe hervor – und aus diesem Grund ist die mittelalterliche Legende vom Mordiford-Wyvern so unerwartet ergreifend.

Mauds Eltern hatten nichts dagegen, daß ihre junge Tochter eine Katze oder einen Hund halten wollte, aber beim Anblick der Kreatur, die vor ihnen stand, gerieten sie aus der Fassung – auch wenn sie klein und farbenfroh war. Maud streifte früh am Morgen durch die Wälder in der Nähe ihres Zuhauses in Mordiford in der englischen Grafschaft Herefordshire, als sie auf ein merkwürdiges kleines Tier stieß, das einsam und niedergeschlagen aussah. Es hatte sich offensichtlich verlaufen und steckte lustlos seine Schnauze in einen Blumenhaufen.

Das Tier, das auf seinen beiden Beinen hockte, sah wie ein Babydrachen aus: sein Körper war nicht größer als eine Gurke, und seine hellgrünen Schuppen, die wie strahlendes Mineralgestein im Sonnenschein glitzerten, ließen es noch mehr einem Drachen ähneln. Ab und zu öffnete die Kreatur ihre zerbrechlichen, membranartigen Flügel und ließ sie hoffnungsvoll flattern, aber sie war eindeutig zu jung, um fliegen zu können. Sobald sie jedoch Maud sah, verschwand ihre Traurigkeit, und sie begann vergnügt um sie herumzuschwirren, glücklich darüber, daß sie nicht mehr allein war.

Maud freute sich über ihren unerwarteten Spielkameraden und nahm ihn mit nach Hause, überzeugt, daß ihre Eltern ihre Begeisterung über das winzige Geschöpf teilen würden. Aber sie erkannten es als Wyvern, wenn auch als einen sehr jungen, und reagierten ganz anders. Sie bestanden darauf, daß Maud ihn dorthin zurückbringen sollte, wo sie ihn gefunden hatte und beob-

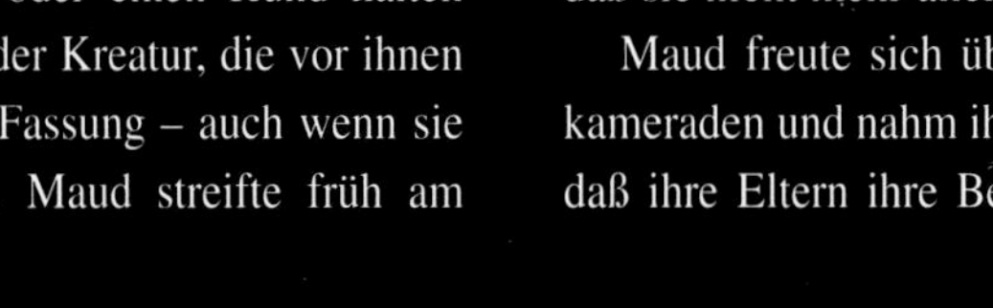

Auf dieser Zeichnung Leonardo da Vincis wird ein ungeheurer und angsteinjagender Wyvern dargestellt, der gerade einen Löwen angreift.

Das „Liber Floridus", ein flämisches Manuskript von 1448, zeigt St. Michael und die Engel im Kampf gegen Satan, der die Gestalt eines Wyverns hat.

achteten traurig, aber mit großer Erleichterung, wie ihre Tochter in den Wald zurücklief, gefolgt von ihrem merkwürdigen kleinen Begleiter.

Sobald sie aus ihrer Sichtweite war, bog Maud aber vom Hauptwaldweg ab und rannte zu ihrem heimlichen Versteck – einem kleinen Winkel, den nur sie kannte und in dem sie viele glückliche Stunden verbrachte. Hier ließ sie ihr neues Haustier zurück, und hier sollte es – sicher vor den neugierigen Augen ihrer Eltern und den anderen Leuten aus Mordiford – bleiben, wo sie es besuchen, mit ihm spielen und es jeden Tag füttern konnte.

Mit der Zeit wurde Mauds Haustier immer größer. Das vormals gurkengroße Junge entwickelte sich zu einem beeindruckenden Wyvern, dessen weiche Schuppen sich in rasiermesserscharfe Platten aus einem grünlichen Farbton gehärtet hatten, dessen hauchdünne Flügel leder- und fledermausartig geworden waren und dessen gekräuselter Schwanz nun einen tödlichen Stachel trug.

Auf der Wand der Kirche in Mordiford war bis ca. 1811 ein Gemälde vom Wyvern zu sehen, das dann trotz des Protestes der Dorfbewohner vom Pfarrer zerstört wurde, der den Drachen für ein Symbol des Teufels hielt und ihn deshalb dort nicht ausgestellt haben wollte.

Die Milch, die ihm täglich von der treuen Maud gebracht wurde und die seinen Ansprüchen bisher genügte, konnte den großen Hunger des gierigen Haustiers nun nicht mehr stillen. Und somit begann es, selbst seine Nahrung zu suchen. Die Bauern in der Umgebung erlitten bald große Verluste in ihrem Viehbestand, und es dauerte nicht lange, bis der Täter entlarvt war. Mauds Drache hatte eine Vorliebe für das Fleisch von Schafen und Kühen entwickelt, aber es sollte noch schlimmer kommen. Als einige der mutigeren Bauern mit dem Monster abrechnen wollten, konnte es sich geschickt verteidigen und entdeckte dabei einen anderen Geschmack, der ihm gut gefiel: den des Menschen.

Maud war sehr traurig über die Taten ihres früheren Spielkameraden und flehte den Wyvern an, seine Anschläge auf die Bevölkerung zu beenden – aber vergeblich. Noch nicht einmal die behutsame liebevolle Aufzucht eines Kindes konnte die wilde Natur und raubtierhaften Instinkte eines echten Drachen unterdrücken. Als er heranreifte, lösten sie unvermeidlich einen gewaltsamen Terror von unkontrollierbarer, urzeitlicher Stärke aus. Nur eine Person blieb vor dem plündernden Ungeheuer sicher – Maud, seine Freundin.

Für sie waren Feuer und Terror nicht bestimmt, nur die Liebe, die sogar der schreckliche Drachen im Herzen trug, wenn sie bei ihm auch nur selten von den Menschen hervorgerufen wurde. So konnte Maud sicher neben ihm herlaufen, seine Krallen streicheln und ohne Zittern in seine Augen voller glühender Chrysolithen sehen.

Sie genügte jedoch nicht, um auf den unvermeidlichen Lauf der bevorstehenden Ereignisse einwirken

Drachen stehen in der Alchimie für unverwandeltes Grundmetall. Der Ritter in Lambsprincks „De Lapide Philosophico" von 1677 stellt einen Alchimisten dar, der gerade versucht, es zu verwandeln.

zu können. Der Tyrannei des Wyvern mußte ein Ende gesetzt werden, wenn die Bewohner von Mordiford überleben wollten. Und so kam es, daß eines Morgens eine große Gestalt, die in einer Rüstung steckte und auf einem herrlichen Roß saß, in den Wald ritt. Sie umklammerte fest eine kräftige Lanze.

Ein Mitglied der ruhmvollsten Familie in Mordiford, der Garstons, stieg vom Pferd und suchte mutig nach seinem schrecklichen Opfer. Plötzlich machte ein riesiges grünes Monster, das teilweise von Blättern bedeckt war, einen Satz nach vorn. Seine schuppige Haut hatte die blättrige Vegetation so genau imitiert, daß es vollkommen unsichtbar war, als es seinem Gegner auflauerte.

Mit dem Schild wehrte Garston den Feuerstoß ab, den der Wyvern aus seinem Rachen herausspie, und zielte mit seiner Lanze auf dessen Kehle, die durch den Druck des ausgeblasenen Feuers angeschwollen war. Die Lanze durchbohrte das Fleisch des Ungeheuers, und dunkles Blut, das explosionsartig heraussprudelte, färbte das Gras.

Garston besaß auch ein scharfes Schwert und wollte gerade in den Kopf der niedergeschlagenen Kreatur stoßen, als ein Mädchen aus den Büschen hervorrannte, das – nicht aus Angst, sondern aus Wut – hysterisch schrie. Erschrocken bäumte sich sein Pferd auf, aber noch mehr staunte Garston über das außergewöhnliche Bild, das sich ihm bot: das Kind kniete auf dem mit Blut durchtränkten Gras und weinte, während seine Arme um dem Nacken des sterbenden Wyverns lagen.

Aus der Fassung gebracht, ritt Garston schließlich wieder zurück zu den glücklichen Bewohnern Mordifords, die der riesige Drache so lange Zeit terrorisiert hatte, und hinterließ ein totes Monster mit seinem einzigen Freund, einem Mädchen namens Maud, dessen unschuldige Kindheit frühzeitig beendet wurde.

Marduk und der Meeresdrache

In der assyrisch-babylonischen Mythologie gab es am Anfang der Welt zwei ursprüngliche Wesen: Apsu, die männliche Verkörperung des frischen Wassers und des Raums, und Tiamat, die weibliche Verkörperung des Meeres und des Chaos.

Von diesen beiden stammte eine große und vielfältige Dynastie von Göttern ab. Zunächst lebten sie mit Apsu und Tiamat in Harmonie, aber als ihre Anzahl stieg und sie immer lauter ihre Stimme erhoben, begannen die neuen Götter die von Apsu begründete alte Ordnung in Frage zu stellen.

Schließlich war Apsu so erzürnt über deren Respektlosigkeit, daß er und etwas verhaltener Tiamat die Zerstörung ihrer Nachkommenschaft planten, doch sie wurden dabei belauscht. Gewarnt handelten die Götter schnell, ergriffen Apsu und töteten ihn. Bis dahin hatte Tiamat versucht, Apsu von seinem Plan abzubringen, seine Laune zu verbessern und seinen Zorn auf ihre Nachkommen zu mäßigen. Aber als sie hörte, daß sie ihn umgebracht hatten, verwandelte sich ihre Liebe in einen Haß, der noch größer war als der von Apsu, und sie verspürte einen unstillbaren Rachedurst, den sie wütend an eine riesige Armee monströser Gehilfen weitergab.

Männer mit schuppigen Fischschwänzen oder giftigen Stacheln von Skorpionen, große bedrohliche Schlangen mit einem überaus kräftigen Körper, abscheuliche Jagdhunde mit gühenden Augen, vernichtende Stürme – sie alle hatte ihr beißender Zorn

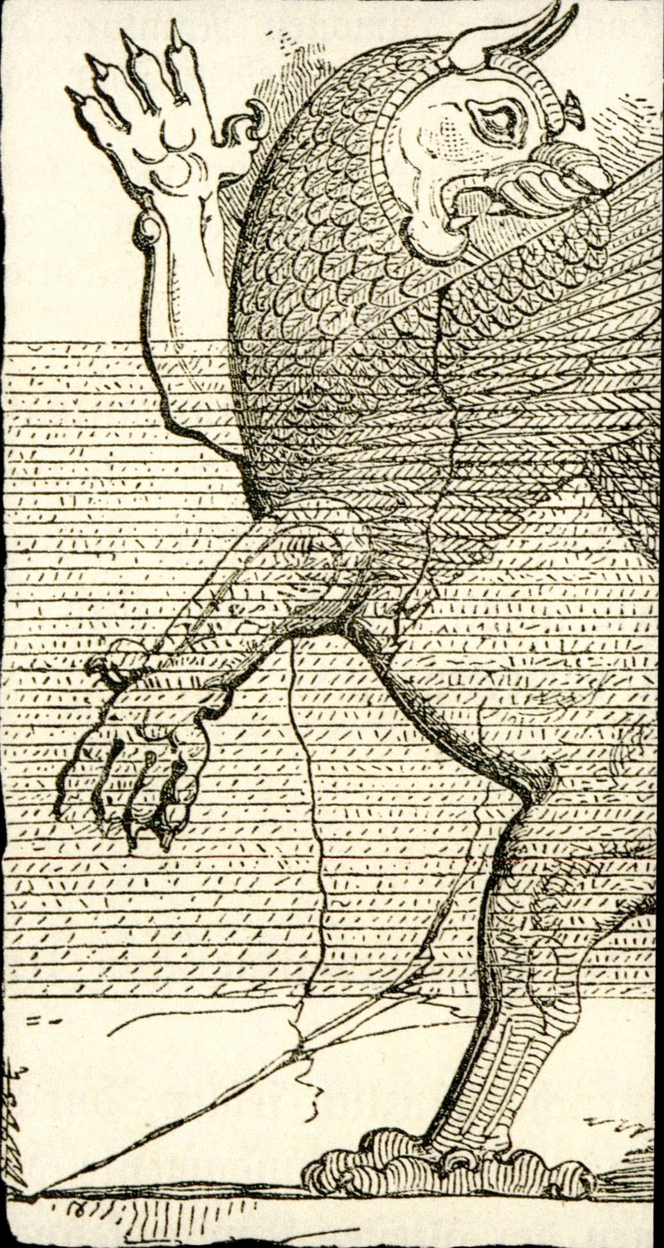

Auf diesem Stich kämpft Marduk, der altertümliche assyrische Sonnengott, mit einem Drachen. Das Bild wurde von einem Relief in Nimrud kopiert und in A. H. Layards Buch „Ninive und Babylon“ reproduziert. Das Monster wird hier nicht als der längliche Meeresdrache Tiamat dargestellt, sondern als ein greifartiges sagenhaftes Biest.

hervorgezaubert. Sie wurden von einigen Göttern angeführt, die Tiamat und nicht ihren unsterblichen Nachkommen Loyalität versprachen.

Da sie es für sehr erfolgversprechend hielt, verwandelte sie sich selbst in einen angsteinjagenden Halbdrachen – ein schlangenartiges Greuel mit undurchlässigen Schuppen, zwei starken muskulösen Vorderbeinen, deren Füße mit dolchähnlichen Krallen versehen waren, einem langen Hals, der sich stolz nach oben streckte, und zwei gebogenen Hörnern auf dem Kopf.

Zunächst waren die Götter entsetzt. Wer konnte gegen einen solchen heftigen Angriff eines lebenden wahren Alptraumes antreten? Nach ausführlicher Beratung erklärte sich der mutige Sonnengott Marduk bereit, eigenhändig gegen Tiamat und ihr makabres Gefolge zu kämpfen – vorausgesetzt, er würde anschließend für immer als höchster Gott akzeptiert werden. Es überraschte ihn nicht sonderlich, daß er seinen Brüdern dieses Versprechen leicht entlocken konnte. Viel schwieriger war die Aufgabe, die er nun zu übernehmen hatte.

Dieser Drachenkopf aus Bronze, datiert 800-600 v. Chr., wurde in Mesopotamien gefunden und steht im Louvre-Museum, Paris.

Zuversichtlich machte sich Marduk auf, um seinem schrecklichen Feind zu begegnen. Er bewaffnete sich mit einem riesigen Netz, mit dem er Tiamat einfangen wollte, einem Bogen und Pfeilen, die sie töten sollten, und – was für seinen Plan wichtig war - er schloß ein Bündnis mit einem unzähmbaren Hurrikan. Von der Kraft eines heftigen, wütenden Sturms fortgetragen, erreichte er schnell das vereinbarte Schlachtfeld, und sofort erhob sich Tiamats Gefolge, um ihn zu vernichten.

Aber als Tiamat mit ihren Truppen herannahte, warf Marduk sein Netz über dieses riesige Ungeheuer, umhüllte Tiamat mit einem unentwirrbaren Maschenchaos und band das Netz so fest zusammen, daß sie nicht mehr ausbrechen konnte. Sofort ließ Marduk die wilde Furie von Hurrikan gegen ihr Gesicht drücken, und wie erwartet öffnete Tiamat ihren kolossalen Rachen in dem wahnsinnigen Versuch, den Wind zu verschlingen. Der Hurrikan strömte in ihr Maul und setzte mit Gewalt die ganze Kraft seiner Wut ein, um zu vermeiden, daß sie ihren Rachen wieder schließen würde. Er ergriff ihr Herz mit frostigen Eisfingern und blies mit seinem kräftigen Atem ihren Bauch auf.

Im gleichen Moment führte Marduk einen Pfeil durch Tiamats geöffneten Rachen hindurch in ihren ungeschützten Bauch, wo seine tödliche Spitze in ihr Fleisch drang. Ohne Zeit zu verlieren, zerstörte Marduk ihre inneren Organe, teilte ihr Herz in zwei Teile und machte sich weiter über das entkräftete Wesen her, bis Tiamat, die Verkörperung des Chaos, nicht mehr lebte. Erst dann beendete er seinen Angriff, stellte sich stolz auf ihren Kadaver und ver-

Alte babylonische Zylindersiegel waren manchmal Siegelringe, oft aber auch tonnenförmige aus Ton hergestellte Objekte, in die man eine Schrift oder ein Bild eingraviert hatte. Wenn das Siegel auf Wachs ausgerollt wurde, hinterließ es einen Abdruck. Auf diesem hier wird Tiamat von Marduk verfolgt.

mittelte allen wortlos, daß er, Marduk, der Sieger und nun die höchste Macht war.

Die alte Ordnung hörte auf zu existieren. Nachdem Marduk auch alle Anhänger Tiamats umgebracht hatte, begann er aus ihrem Kadaver eine Welt zu erschaffen. Er riß ihren Körper in zwei Hälften und gestaltete die eine als Himmel und formte die andere als Erde. In den Himmel wurden Sterne gesetzt, und die Erde wurde mit Feldern, Wäldern, Flüssen und Bergen verziert sowie mit einer Unzahl von wimmelnden Tieren bevölkert. Zum Schluß schuf Marduk aus dem karminroten Schwall, der aus den Venen von Kingu, einem von Tiamats getöteten Anhängern, heraustrat, die Menschheit – eine Rasse, die, aus Blut geschaffen, in den bevorstehenden Zeiten dazu bestimmt war, viel von ihrem eigenen Blut zu vergießen.

Tiamat wurde mit einem anderen Ungeheuer, der Lamia, in Zusammenhang gebracht. Nach dem Psychoanalytiker Carl Jung ist Lamia nämlich der Name eines riesigen, fischartigen Monsters, der vom griechischen Wort „lamos", das „Abgrund" bedeutet, abstammt. Das alles deutet auf eine Verwandtschaft mit dem Meeresdrachen Tiamat hin.

Die Lamia wurde jedoch häufig als schuppiges vierbeiniges Biest mit dem Gesicht einer Frau und mit Brüsten dargestellt. Sie wurde ebenfalls als eine Schlange beschrieben, die sich verwandeln konnte und die Gestalt einer jungen wollüstigen Frau annahm, die Blut und Leben eines jeden Mannes ausfließen ließ, der gutgläubig genug war, um sich von ihr verführen zu lassen.

Der schwer bestimmbare Tatzelwurm

Jahrhundertelang haben Menschen, die in den Bayerischen, Österreichischen und Schweizer Alpen lebten, behauptet, daß die Berge ein außergewöhnliches Tier beheimaten, das vor Ort als der Tatzelwurm bekannt ist.

Dieser Wurm mit Klauen, der auch Stollenwurm oder lochbewohnender Wurm genannt wird, soll ein schlangenhaftes, reptilartiges Biest mit einer Länge von bis zu anderthalb Metern sein und zwei deutlich sichtbare Vorderbeine besitzen (von Hinterbeinen wurde nur sehr selten berichtet) – eine mysteriöse Kreatur, die anders ist als jede Spezies, die die Wissenschaft kennt, und dem Lindwurm äußerst ähnlich ist. In einigen Berichten wird ihr Kopf als katzenartig beschrieben, und angeblich kann sie weit springen. Im Sommer 1921 soll ein Tatzelwurm mit einem raubkatzenartigen Kopf in Hochfilden, im Süden Österreichs, einen Hirten und Wilddieb, der auf ihn geschossen hatte, angesprungen haben. Die beiden flohen vor Schreck.

Obwohl man früher oft von diesen erstaunlichen Tieren erzählt hat, die nach überliefertem Wissen in seltenen Fällen sogar getötet wurden, müssen Zoologen den Körper von einem solchen Tier erst noch zur Identifizierung erhalten.

1954 berichteten sizilianische Bauern, daß eine Kreatur mit einem Katzenkopf und einem Schlangenkörper über ihre Schweine hergefallen war. Könnte es ein Tatzelwurm gewesen sein?

Ähnliche Kreaturen wurden weiter im Süden gesichtet. Einer der bekanntesten neuzeitlichen Berichte stammt aus dem Jahre 1954, demzufolge Bauern nahe Palermo ein schlangenartiges Biest mit einem Katzenkopf und zwei Beinen gesehen haben, das Schweine angegriffen hatte.

Für die Zoologen, die die Existenz des Tatzelwurms für möglich halten, könnte er eine unentdeckte Wühl- oder Eidechse sein, denn einige von ihnen besitzen einen länglichen Körper, haben aber nur sehr kleine Gliedmaßen. Andere glauben, daß es sich nicht um ein Reptil, sondern um einen Armmolch, eine Amphibie, handeln könnte, doch diese existieren bekanntlich nur in Nordamerika.

Wie in diesem Buch schon bemerkt, ist es durchaus vorstellbar, daß einige Drachen von lebenden Tieren inspiriert wurden. So ist möglicherweise auch der Lindwurm auf eine echte Kreatur zurückzuführen, die die Wissenschaft jedoch noch nicht entdeckt hat.

Kapitel 3

Klassische Drachen

Der klassische westliche Drache, der häufig in der Heraldik dargestellt wird, ist der wilde, feierspeiende Rächer unzähliger Helden aus der Mythologie und dem Mittelalter. Dieses monströse Biest war mit einem undurchdringlichen Panzer aus schillernden Schuppen umhüllt und wurde von vier kräftigen Gliedmaßen mit spitzen, krallenartigen Füßen getragen. Es schwang einen langen mächtigen Schwanz, der mit einem pfeilköpfigen Stachel endete, und protzte häufig, aber nicht immer, mit einem Paar riesiger fledermausartiger Flügel.

Als das dritte Jahrhundert begann, näherte sich auch der Tag, den der König von Silene in Libyen mit Angst erwartete. Denn an diesem Morgen sollte seine geliebte Tochter dem Monster geopfert werden, das sein Land so lange terrorisiert hatte, daß es wie eine Ewigkeit schien.

Dieses Biest – ein riesiger Drache mit Flügeln, einem langen gewundenen Schwanz und olivgrünen, krokodilartigen Schuppen – war vor vielen Monaten aus den Sümpfen von Silene gekommen und hatte die Landschaft mit übelriechenden Wolken giftigen Dampfes erstickt, der alles zerstörte, was mit ihm in Berührung kam.

In einem Versuch, die Zerstörung ihrer Felder zu beenden, fütterten einheimische Bauern das Monster täglich mit zwei Schafen. Diese Strategie war erfolgreich, bis die Zeit kam, als es keine Schafe mehr gab, woraufhin der reptilartige Tyrann seine eigene Kampagne der Zerstörung durch Vergiftung wiederaufnahm. In dieser Zeit stimmte der König schließlich schweren Herzens dem täglichen Opfer eines Kindes zu, in der Hoffnung, den Appetit des

In Vittore Carpaccios sinnträchtigem Gemälde von ca. 1502 spießt St. Georg einen typischen vierbeinigen klassischen Drachen auf. In dieser Darstellung besitzen die Drachenflügel jedoch keine Augen.

Auf dieser Altartafel, die ca. 1410 von dem spanischen Künstler Mazel de Sas gemalt wurde, segnet die Hand Gottes St. Georg, den Schutzheiligen der Stadt Barcelona.

Drachen so lange stillen zu können, bis irgendein Wunder sein Land von diesem Greuel befreien würde.

Aber die Tage und Wochen vergingen, ohne daß ein Wunder geschah. Und schließlich kam der Morgen, an dem die eigene Tochter des Königs, die blonde Prinzessin Alcyone, geopfert werden sollte. Sie wurde am Rande des Sumpfes an einen hölzernen Pfahl gebunden, um der widerlichen Kreatur ausgeliefert zu werden.

Die Prinzessin stand erst ein paar Minuten aufrecht an den Pfahl gebunden, als ihr Gesicht kreidebleich wurde, denn sie hörte einen donnernden Schritt, der sich näherte – sicher der Vorbote ihres bevorstehenden Schicksals. Aber plötzlich erkannte sie, daß die Geräusche nicht aus dem Sumpf vor ihr kamen, sondern von der Erde direkt hinter ihr.

Sie streckte ihren Hals, um herauszufinden, was oder wer das war, und sah einen großen Ritter, bekleidet mit einer silbergrauen Rüstung und einem weißen Brustharnisch, den ein scharlachrotes Kreuz verzierte. Er war gerade von einem cremefarbenen Schlachtroß abgestiegen und trug eine lange Lanze und einen weißen Schild, der ebenfalls mit einem scharlachroten Kreuz geschmückt war, als er auf die junge Frau zuschritt.

Die Prinzessin verlor keine Zeit, dem Ritter ihre schreckliche Situation zu schildern, und er wiederum erzählte ihr schnell über sich. Er hieß Georg und war in der heutigen östlichen Türkei, in Cappadocia, aufgewachsen und ein Soldat in der römischen Armee gewesen, bevor er sich zum christlichen Glauben bekehren ließ. Nun diente er niemandem mehr außer Gott und verbreitete Gottes Wort überall, wo er hinreiste.

Als eine Offenbarung des Bösen verkörperte der Drache all das, was Georg bekämpfen wollte. Deshalb band Georg die Prinzessin, ungeachtet ihrer Bitten, sich selbst zu retten, solange noch Zeit war, los und stand mutig an ihrer Stelle, bereit für die Auseinandersetzung mit dem Feind. Er mußte nicht lange warten. Ohne Vorwarnung wurden die Schilfgürtel, die vor einem nahegelegenen Sumpf standen, beiseite geschoben, und ein großer reptilartiger Kopf, der von einem starken Nakken getragen wurde, bahnte sich seinen Weg. Ihm folgte ein riesiger Körper, der von vier muskulösen Gliedmaßen getragen wurde, und ein gelenkiger Schwanz, der sich wild wie ein Korkenzieher drehte.

Im frühen 19. Jahrhundert hatte man Drucke oft mit einem Metallbogen verkauft, der dann zerschnitten und auf Teile des Bildes geklebt wurde, so daß ein Flitterbild entstand. Hier erhielt St. Georg sogar eine echte Feder als Helmfeder.

Im Laufe seiner Reisen durch viele fremde Länder hatte Georg einige scheußliche Erscheinungen gesehen, aber er war nicht auf den Ekel vorbereitet, der ihn überkam, als er den Drachen von Silene erblickte. Diese Kreatur ähnelte mit seinem tropfenden stinkenden Schleim, der das Fahle seiner Schuppen nur noch betonte, einem Berg von verrottetem Fleisch – mit Fäulnis durchdrungen, vor Verwesung ganz grün und nach Tod stinkend.

Georg wünschte, er könnte seine Augen und seine Nase von einem solchen krankmachenden Wesen abwenden, aber fest entschlossen, das Monster von der Erdoberfläche zu verbannen, hob Georg seinen rechten Arm und war gerade dabei, seine Lanze in den Rachen des Drachen zu stoßen, als zwei formlose Klumpen lebendig wurden, die sich unterhalb des Nackens befanden.

Zu seiner Bestürzung fand sich Georg von flackernden leuchtenden Augen umgeben. Wo er auch hinsah, glühten sie und blendeten ihn, hypnotisierten ihn mit ihrer schrecklichen Anziehungskraft, bis er wiederum seinen Arm hob und die Lanze mit seiner ganzen Kraft zwischen diese fesselnden, starren Augen schleuderte. Ein Schrei dröhnte durch die Luft, und plötzlich verschwanden die Augen.

Nicht länger von ihnen hypnotisiert, sah der Ritter nach unten, und dort lag der Drache noch lebend, aber schwer verwundet. Die Lanze hatte seinen Rachen durchstoßen und ragte aus dem hinteren Nackenbereich heraus. Wie ein Leichentuch bedeckten seine Flügel, deren helle Markierungen strahlenden Augen ähnelten, die seinen Blick so sehr verzaubert hatten, den Körper.

Voller Freude rannte Prinzessin Alcyone auf ihn zu, und nachdem sie den Gürtel ihres Kleides um den Nacken des Drachen gebunden hatten, ritten sie mit dem Ungeheuer neben Georgs mächtigem Roß zurück zum Schloß ihres Vaters. Als Gegenleistung für das Versprechen des Ritters, den Drachen zu töten, stimmten der glückliche König und alle seine Untertanen bereitwillig zu, sich taufen zu lassen und zum christlichen Glauben überzutreten. Sein Wort haltend, köpfte Georg ihren einstigen Unterdrücker, und nachdem er sich von der dankbaren Alcyone verabschiedet hatte, ritt der Retter fort.

Der peinliche Abgang des Wantley-Drachen

Zur Zeit Elisabeths I. von England lebte ein schrecklicher Drache außerhalb des Dorfes Wortley in Yorkshire in einer Hütte, die Wantley genannt wurde.

Mit Vorliebe zertrampelte er Bäume, fraß die Milchkühe und quälte das Volk. Voller Verzweiflung wanden sich die Dorfbewohner an More von More Hall, einen einheimischen Ritter, und baten ihn, sie von dieser Bedrohung zu befreien.

More versprach, sein Möglichstes zu tun, aber nur wenn am Abend vor dem Kampf eine hellhäutige, dunkelhaarige junge Dame zu ihm käme, die die Aufgabe hatte, seinen Körper mit Öl zu salben und ihn am nächsten Morgen zu kleiden. Während jede hellhäutige, dunkelhaarige junge Dame in der Gegend versuchte, die Dorfältesten davon zu überzeugen, daß sie für diese Aufgabe auserwählt werden sollte, reiste More nach Sheffield und beauftragte dort einen Rüstungsexperten, eine Rüstung herzustellen, die nur so von stählernen 15 Zentimeter langen Spitzen wimmelte. Später kam More mit seiner stachelschweinartigen Rüstung am Körper nach Wortley und zog sich dann in seine eigenen Räume zurück, gespannt darauf, die junge Dame zu treffen und die Flasche mit Salböl zu verwenden.

Obwohl More erst zu einer empörend späten Stunde auftauchte, schien er am nächsten Moregn überraschend müde zu sein. Um ihn zu stärken, versorgten ihn die Dorfbewohner mit sechs Krügen Bier, das er durstig hinunterschlürfte, ehe er sich aufmachte, den Drachen zu suchen. Da er wußte, daß sein reptilartiger Feind regelmäßig an einem bestimmten Brunnen trank, kletterte More listig hinein, und als der Drache erschien, sprang er hinaus und schlug ihm heftig auf sein Maul. Zweifellos aus Angst und Wut über einen solchen hinterhältigen Angriff entleerte sich das gekränkte Tier daraufhin ausgiebig in die Richtung des Ritters.

More verwickelte den Drachen sofort in einen Kampf, aber selbst nach zweieinhalb Tagen war es den Kämpfern noch nicht gelungen, sich gegenseitig eine Wunde hinzuzufügen. Mores stacheliger Anzug machte ihn unverwundbar, und die riesigen kammuschelartigen Schuppen des Feindes waren genauso unbezwingbar. Schließlich ergriff More den Drachen und zog ihn herum, bis sein Kopf und Vorderteil von ihm wegsahen. Von den Dorfbewohnern wußte er, daß das Monster nur eine verletzbare Stelle hatte, und es gab nur einen Weg, diese Behauptung zu überprüfen. Er erhob seinen Fuß, der in einem spitzen Stahlstiefel steckte, zielte und trat den ahnungslosen Drachen dann mit seiner ganzen Kraft.

Mit einem Schmerzensschrei und auch aus Verlegenheit sprang der Drache in die Luft und drehte sich sechsmal, bevor er auf dem Boden zusammenbrach. Einige Minuten lang lag er dort grollend und bebend, aber nach einem letzten Ausscheiden von Dung verstarb das Monster, und More kehrte triumphierend zu seiner jungen Dame zurück.

More versetzt dem Wantley-Drachen einen gut gezielten Tritt auf seine einzige verletzbare Stelle.

Vorsicht vor dem Bunyip!

Einige Ungeheuer in Australiens Mythen und Legenden gehören sicherlich zur Drachendynastie.

Das berühmteste ist der Bunyip, ein Süßwasserbiest, das verwandeln konnte und von Augenzeugen mit einem Seehund, einem Fohlen, einem Emu, einem Walroß, einer Bulldogge und, unvermeidlich, einem Drachen verglichen wurde.

Damals, in den Tagen der Traumzeit, machte sich der Sohn des Anführers eines tapferen Kriegerstammes auf, um ein Geschenk zu suchen, mit dem er die Zuneigung einer jungen Frau gewinnen wollte. Etwas Gewöhnliches würde nicht genügen. Stunden verstrichen, und er hatte noch immer nichts gefunden, das ihn zufriedenstellte, bis er zu einem großen Tümpel kam, in dem sich ein erstaunliches kleines Tier fröhlich tummelte. Mit Hilfe eines Netzes fing der Jüngling das Biest schnell ein, das keine Ähnlichkeit aufwies mit etwas, das er zuvor gesehen hatte. Seine Gestalt erinnerte an ein junges Kalb oder Fohlen, aber sein Kopf glich dem einer Bulldogge mit einem stumpfen Maul voller winziger Zähne. Sein Schwanz, der eine Flosse hatte, war lang und flach, seine Augen glühten wie Fackeln, und sein Körper wurde von mosaikartig zusammengesetzten schillernden Schuppen bedeckt. Begeistert kehrte der Jüngling mit diesem Tier nach Hause zurück.

Der Anführer des Stammes war entsetzt. Er befahl seinem Sohn, das Tier zurückzubringen, denn er kannte seine Identität nur zu gut. Es war ein Bunyipbaby, und jeder, der eines entführte, würde bald den schrecklichen Zorn seiner Mutter spüren.

Doch es war bereits zu spät. Ein scheußliches Brüllen, so laut wie sämtliche Gewitter gleichzeitig, ging als Echo über das Land, und die Menschen sahen, daß die Flüsse und Seen angestiegen waren und nun die Täler und das Flachland überschwemmten. In einer verzweifelten Flucht rannte der Stamm in die Berge, aber noch immer wollte der Sohn des Anführers den kleinen Wasserdrachen nicht herausgeben.

Plötzlich fiel ein riesiger schwarzer Schatten über die fliehenden Menschen. Es war die überaus wüten-

de Bunyipmutter mit ihren glitzernden Schuppen und raubgierigen Zähnen, die das Wasser aus ihrer Domäne wie ein Rachegewand um sich sammelte, um die auszulöschen, die ihren Nachwuchs unterdrückten.

Als der Jüngling die Auswirkung seiner Torheit erkannte, öffnete er seine Arme, um das Bunyipkind loszulassen – doch er hatte keine Arme mehr. Sie waren in ein paar Flügel verwandelt worden. Er schrie vor Schreck, aber sein Schrei war nicht der eines Mannes. Es war statt dessen der Schrei eines neuen Vogels mit einem langen schmalen Hals, rubinrotem Schnabel und einem Gefieder so schwarz wie der Schatten der Bunyipmutter. Er blickte auf seine Gefährten und sah, daß auch sie verwandelt worden waren.

Die Bunyipmutter entfernte sich mit ihrem Nachwuchs, und das Wasser sank. Zurück blieb ein Schwarm schwarzer Schwäne.

Die Angehörigen des Stammes flüchten mit dem Jüngling, der noch immer das Bunyipbaby trägt, vor seiner wütenden Mutter.

Der Piasa, Drachenvogel von Illinois

Die Monster, die eines Tages im August 1673 auf den Jesuitenpriester Vater Jacques Marquette hinabstarrten, waren abscheulicher als in der wildesten, surrealistischsten Phantasie.

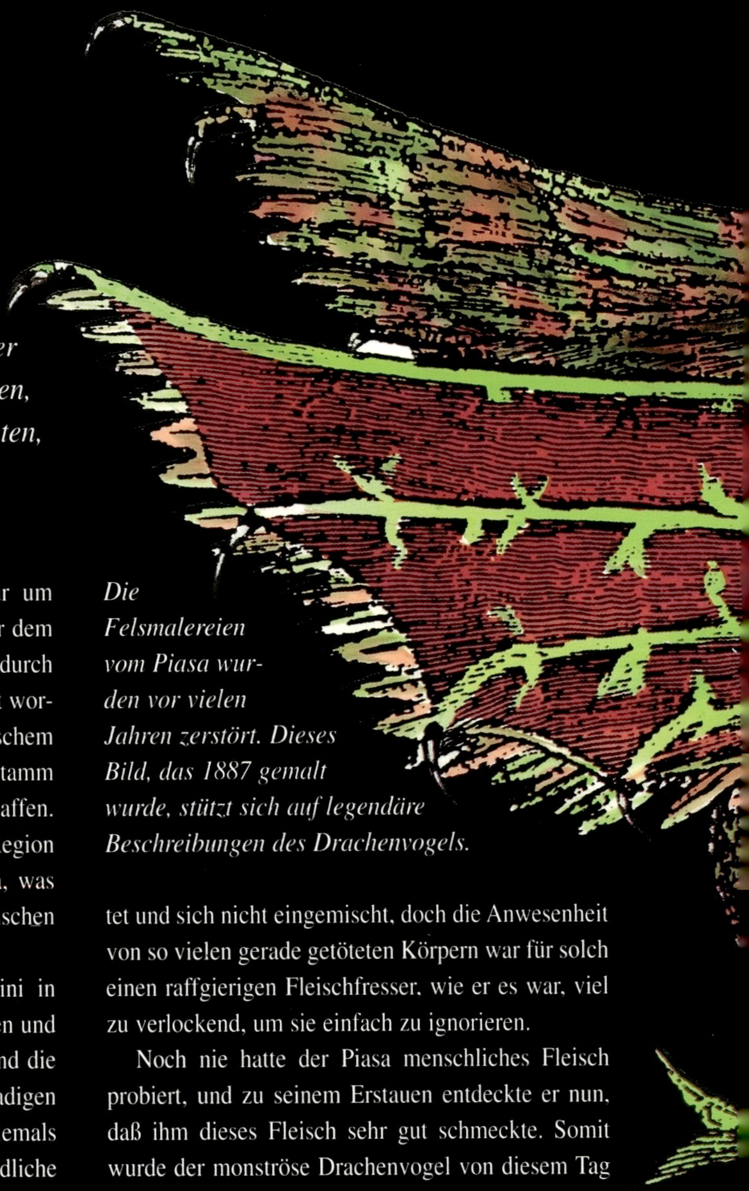

Die Felsmalereien vom Piasa wurden vor vielen Jahren zerstört. Dieses Bild, das 1887 gemalt wurde, stützt sich auf legendäre Beschreibungen des Drachenvogels.

Was für ein Glück für ihn, daß es sich nur um Petroglyphen handelte, die etwa 25 Meter über dem Mississippi, auf dem er während seiner Reise durch Illinois fuhr, auf die Wand eines Felsens gemalt worden waren. Nach Vater Marquettes indianischem Führer hatte ein längst vergessener Ahnenstamm diese Petroglyphen vor Jahrhunderten geschaffen. Sie stellten einen Drachen dar, der einst die Region bewohnt hatte. Man kannte ihn als den Piasa, was übersetzt werden kann als „der Vogel, der Menschen verschlingt".

Vor langer Zeit lebte der Stamm der Illini in Einmütigkeit mit dem Piasa, der sich mit Rehen und anderen Säugetieren als Beute zufriedengab und die Indianer des Flachlands unter dem hochgradigen Felsen, wo er in einer riesigen Höhle lebte, niemals belästigte. Auf tragische Weise wurde diese friedliche Stimmung zerstört, als ein kriegerischer Stamm das Gebiet der Illini besetzte. Im folgenden Kampf verloren beide Stämme viele Männer, und obwohl die Illini letztendlich siegten, wurde ihr Erfolg durch eine unerwartete und vollkommen katastrophale Entwicklung geschmälert. Der Piasa hatte die kriegerische Auseinandersetzung zwar nur genau beobachtet und sich nicht eingemischt, doch die Anwesenheit von so vielen gerade getöteten Körpern war für solch einen raffgierigen Fleischfresser, wie er es war, viel zu verlockend, um sie einfach zu ignorieren.

Noch nie hatte der Piasa menschliches Fleisch probiert, und zu seinem Erstauen entdeckte er nun, daß ihm dieses Fleisch sehr gut schmeckte. Somit wurde der monströse Drachenvogel von diesem Tag an der Todfeind der Illini, der regelmäßig hinabstieg, um Männer, Frauen und Kinder zu entführen. Er packte sie mit seinen großen Krallen und trug sie in sein unheimliches Versteck, wo er sie anschließend auseinanderriß und verschlang. Ihr geflügelter Feind mußte offensichtlich besiegt werden, wenn der Stamm überleben wollte.

Bald wurde eine Versammlung abgehalten, die jedes Mitglied des Stammes besuchte und in der man viele verschiedene Pläne, den Piasa wieder loszuwerden, unterbreitete, diskutierte und schließlich ablehnte. Nach Stunden intensiver Beratungen ließ nur eine vorgeschlagene Strategie hoffen, den Unterdrücker des Stammes vernichten zu können. Für diejenigen, die ausgewählt werden würden, um diesen Plan durchzuführen, wäre es jedoch gewagt.

Die Illini kamen zu dem Schluß, daß die sicherste Art, ein fliegendes Ungeheuer wie den Piasa zu töten, die wäre, ihn auf den Boden zu locken, damit ihn dann 20 der mutigsten Krieger des Stammes überfallen könnten. Und die einzige Möglichkeit, den Piasa vom Himmel herunterzulocken, würde die Verwendung eines Köders sein – ein lebender und unbewaffneter Krieger.

Diese Zeichnung wurde nach der Beschreibung von Vater Jacques Marquette angefertigt, der die Petroglyphen des Piasa auf einem Felsen über dem Mississippi entdeckte.

Ein tapferer Mann, Massatoga, hatte diese gefährlich Strategie vorgeschlagen, nachdem er den Großen Geist um Inspiration gebeten hatte. Und als er sich freiwillig meldete, um als Köder zu dienen, entschied der Stamm, seinen Plan am nächsten Morgen auszuführen. Bei Tagesanbruch stand Massatoga – für den Piasa in seinem bergigen Zufluchtsort gut sichtbar – am Mississippi, hob seine Arme zum Himmel und begann, mit einer lauten, klaren Stimme den Großen Geist zu bitten, bei der Überwindung des fliegenden Verfolgers zu helfen. Plötzlich, als seine Stimme als Echo weiter über das Land tönte, wurde der Himmel über ihm dunkel, obwohl keine Wolke zu sehen war. Es war der Piasa.

Der Drachenvogel sank schnell herab, und sogar der mutige Massatoga fühlte sein Herz vor Angst beben, als dieser Feind in Sichtweite kam. Er war so rot wie Blut, so schwarz wie die Nacht, so grün wie Galle, und diese dreifarbige Gestalt war mindestens neun Meter lang und etwa vier Meter hoch. Sie protzte mit einem Paar lederner Flügel, die eine Spannweite von etwa fünf Metern hatten.

Schuppen bedeckten den ganzen Körper des Piasa und seine vier Beine, und jeder seiner Füße war mit einem Haufen schwarzer krummsäbelartiger Krallen bewaffnet. Ein unermeßlich langer, schlangenförmiger Schwanz, der in einer doppelten Flosse endete, peitschte durch die Luft, während er hinabfegte, und sein Kopf trug ein großes verzweigtes Geweih wie das eines Hirsches.

In nordamerikanischen Legenden kommen viele Monster vor, darunter Drachen wie diese, die in der Nähe von New Orleans von 20 Männern des Schiffs Caroline angegriffen wurden.

Seine karminroten Augen glühten mit teuflischer Boshaftigkeit, und aus seinem Maul, in dem fleischzerreißende Zähne aufgereiht waren, drang ein markerschütternder Wutschrei. Dampf quirlte aus seinen breiten Nasenlöchern, und ein Bart aus steifen Borsten wuchs aus seinem Kinn.

Noch während er flog, streckte der Piasa seine Krallen aus, um nach Massatogas Körper zu greifen, aber der rannte auf einige nahegelegene Bäume zu. Das Monster verfolgte ihn, bis die Zweige es zum Landen zwangen, und faltete dann seine Flügel, um zu vermeiden, daß sie sich verwickelten. Rasch sprangen Massatogas Gehilfen aus ihrem Versteck, umringten den Drachenvogel und bombadierten ihn, Köcher für Köcher, mit vergifteten Pfeilen. Viele schnellten harmlos von seiner schuppigen Haut ab, aber einige zerrissen seine Flügel und hinderten ihn am Wegfliegen, und andere durchbohrten sein Gesicht.

Durch den Angriff erblindet und verwundet, konnte sich der Piasa nicht mehr schützen, als die Krieger auf seinen mächtigen Körper kletterten und anfingen, mit ihren Messern und Tomahawks in sein Fleisch zu hacken. Bald lebte das einst gefürchtete Monster nicht mehr.

Leider erlitten auch die Petroglyphen, die von Vater Marquette gesichtet wurden, dasselbe Schicksal. Um 1856 zerstörten Grubenarbeiten in der Nähe die Felswand. Das Kunstwerk wurde zerschmettert, zerbröselte und stürzte in den Fluß. Das Hinscheiden des Piasa war vollendet.

Der Sirrush von Babylon

Eines der größten archäologischen Ereignisse des 20. Jahrhunderts war die Ausgrabung des prächtigen Ischtartores.

Die Ausgrabungen begannen 1899, und der deutsche Archäologe Professor Robert Koldewey arbeitete drei Jahre lang, um dieses spektakuläre Bauwerk, das dem Sonnengott Marduk gewidmet war, bloßzulegen. Das Eingangstor wurde während der Herrschaft von König Nebukadnezar II. (605-562 vor Christus) errichtet, um Besucher tief zu beeindrucken, wenn sie in das religiöse Zentrum Babylons geführt werden. Nach dem Fall der Stadt jedoch, ca. 539 vor Christus, wurde das Tor unter dem mesopotanischen Sand begraben und von der Welt vergessen – bis das Team von Koldewey sich dafür interessierte. Ihre Augen waren in unserer Zeit die ersten, die seinen glänzenden Schmuck aus stark glasierten, kobaltfarbigen Backsteinen und die horizontalen Tierreihen.

Drei Tierarten konnte man sehen: einen Bullen, einen Löwen und einen Drachen. Die ersten beiden Tiere waren eindeutig von lebenden Tieren inspiriert worden, aber wie stand es mit dem Drachen? Auch wenn er genauso realistisch aussah wie der Bulle und der Löwe, so war er doch sicher ein mystisches, ima-

Auf dem Tor, das sich über den Prozessionsweg zwischen den Tempeln des Sonnengottes Marduk und der Göttin Ischtar erstreckte, waren auch Drachen abgebildet, die vielleicht auf einem

ginäres Biest – oder etwa nicht? Das heilige Tier Marduks, Babylons Drachen, kannte man als den Sirrush oder Mushussu, und Koldewey hielt es nicht für die phantastische Kreatur einer Legende. Sämtliche sagenhaften Biester wurden in Babylonien über die Jahrhunderte hinweg unterschiedlich dargestellt, doch die Darstellungen des Sirrush blieben immer gleich, wie die von echten Tieren.

Aber wenn der Sirrush tatsächlich auf einer lebenden Kreatur beruht, welche könnte es dann sein? Mit einem schmalen vierbeinigen Körper, der mit feinen Schuppen bedeckt war, kräftigen Krallenfüßen, einem langen Nacken, einem längeren Schwanz und einem Horn auf seinem Kopf unterschied er sich eindeutig von dem, was in modernen Zeiten bekanntgeworden ist. So kam Koldewey die faszinierende Idee, daß dieses drachenartige Biest nach einem unentdeckten lebenden Dinosaurier modelliert sein könnte.

Viele heutige Zoologen geben zu, daß das überlieferte Bild des Sirrush einem etwas entstellten Porträt einiger reptilartiger Riesen aus der prähistorischen Welt ähnelt – jenen langhalsigen, pflanzenfressenden Dinosauriern, die als Sauropoden bekannt sind und zu denen so vertraute Kreaturen wie der Diplodokus und der Apatosaurus (früher Brontosaurus) gehören.

Die Unterschiede zwischen dem Shirrush und den Sauropoden könnten damit erklärt werden, daß die Künstler, die für die Darstellungen verantwortlich waren, ihre Werke nur auf Beschreibungen der Reisenden und anderer Augenzeugen stützen konnten. Wenn es stimmt, daß 65 Millionen Jahre nach dem Aussterben der Dinosaurier die Sauropodenfamilie noch existiert, den Babyloniern bekannt war, sich aber der wissenschaftlichen Entdeckung entzogen hat – wo sollten wir dann nach diesen lebenden Wundern suchen?

Kurz nachdem das Ischtartor wieder aufgetaucht war, kam der Forschungsreisende Hans Schomburgk mit einem glasierten Backstein nach Europa zurück, den er in Zentralafrika gefunden hatte – einem

Eine Kreatur mit dem Aussehen eines Dinosauriers, die den Einheimischen als der Mokele-mbembe bekannt ist, existiert angeblich noch in den Likouala-Sümpfen im Kongo. Dieses riesige Wesen könnte den babylonischen Sirrush inspiriert haben.

Backstein, der genauso aussah wie die am Ischartor. Wenn diese von den babylonischen Bauarbeitern dort erworben worden sind, ist der Fund interessant, zumal Schomburgk auch Berichte über mysteriöse dinosaurierartige Biester mitbrachte.

Jene, so hieß es, würden dem Apatosaurus ähneln und Zentralafrikas weites, unzugängliches Sumpfgebiet bewohnen. War dies nur ein Zufall, oder wurden diese Biester von den Babyloniern gesehen und als der Sirrush in ihre Kunst integriert?

Der berühmteste der im tropischen Afrika vielleicht lebenden Dinosaurier ist eine Wasserkreatur, der Mokele-mbembe, der angeblich die Likouala-Sümpfe im Kongo bewohnt. In den vergangenen 20 Jahren wurde er von vielen einheimischen und europäischen Beobachtern erspäht, und in den 80er Jahren wanderten einige Expeditionen (vor allem diejenigen, die von Professor Roy Mackal geleitet wurden) durch diese Sümpfe, in der Hoffnung, seine Existenz bestätigen zu können.

Nach Augenzeugenberichten hat der Mokele-mbembe einen elefantenartigen Körper, einen langen schmalen Nacken und einen kleinen Kopf, vier riesige Gliedmaßen und Krallenfüße, die einen dreizehigen Abdruck hinterlassen, sowie einen starken, spitz zulaufenden Schwanz mit einer Länge von etwa neun Metern. Diese Beschreibung trifft auch auf einen kleinen Sauropoden zu. Sogar die dreizehigen Fußabdrücke, die zu keinem der Tiere gehören, die man dort kennt, sind typisch für einige Sauropoden. Dementsprechend gleichen auch die Zeichnungen der einheimischen Beobachter von dem Biest einem Sauropoden, und wenn den Einheimischen Bilder von lebenden prähistorischen Tieren gezeigt wurden, haben sie den Sauropoden als den Mokele-mbembe identifiziert.

Der Drache im Tempel von Bel könnte ein Mokele-mbembe gewesen sein. Wenn das stimmt, war Daniel sicher die einzige Person in der zivilisierten Welt, die einen Dinosaurier getötet hat.

Es gibt noch etwas anderes Erstaunliches zu berichten: Die biblischen Apokryphen erzählen eine Geschichte von einem Drachen, der in dem Tempel der babylonischen Gottheit Bel lebte, als ein Gott angebetet wurde und den Daniel zu Tode gewürgt hat, um zu demonstrieren, daß der Drache sterblich war wie jedes andere Biest auch. Unter den Bibelforschern hat es viele Diskussionen darüber gegeben, ob dieser Drache existiert hat. Einige Zoologen haben im Hinblick auf die Verbindung zwischen dem Sirrush und Kongos mysteriösem Wasserbiest erklärt, daß es ein lebender Mokele-mbembe gewesen sein könnte, der möglicherweise noch in seiner Jugend in Zentralafrika gefangengenommen und nach Babylon transportiert worden war.

Der Dragonet vom Berg Pilatus

Nicht alle klassischen Drachen hatten enorme Proportionen. Einige, die als Dragonets bekannt sind, waren nur wenig größer als ein Mann, doch trotz ihrer kleinen Größe nicht weniger tödlich.

Ein typischer Vertreter dieser Art war der Dragonet vom Berg Pilatu, dessen Blut sofort den Tod brachte, wenn man es berührte. Im Mittelalter wurde die Schweizer Stadt Wilser sehr lange Zeit von diesem Monster belagert, das bei der Beutesuche häufig Häuser, Bauernhöfe, Viehbestände und auch Menschen überfiel, die durch seinen feurigen Atem verbrannt wurden. Da jedoch niemand ausreichend im Fechten ausgebildet war, bestand keine realistische Hoffnung, das Biest zu töten.

Früher hatte es in Wilser einen solchen Mann mit dem Namen Winckelriedt gegeben, aber sein hitziges Temperament und seine Fähigkeit, mit Waffen umzugehen, hatten zu einer Verurteilung wegen Totschlags geführt, woraufhin sein Land beschlagnahmt und er verbannt worden war. Aber es lag auf der Hand, daß nur er allein die Stadt von ihrem Verfolger befreien konnte, und so wurde Winckelriedt rasch zurückgerufen. Man teilte ihm mit, daß alle Anklagen gegen ihn fallengelassen und er seinen Grundbesitz zurückerhalten würde, wenn er den Dragonet töten könnte. Als Antwort darauf hob Winckelriedt sein Schwert zum Salut und machte sich in die Richtung auf, in der das Versteck des Drachen lag. Nach einem beschwerlichen Aufstieg der steilen Hänge des Pilatus stand Winckelriedt schließlich in einem langen natürlichen Korridor, der durch hohe, säulenartige Felsen geformt war und zur Höhle seines Feindes führte. Als er gerade zu ihr hingehen wollte, stürmte der Dragonet heraus und starrte ihn an. Er war ein erstaunlich graziöses Wesen mit Flügeln, und genauso überraschte seine Statur, denn er war kaum größer als sein menschlicher Gegner.

Doch da er die Fähigkeit besaß, Feuerstrahlen auszublasen, konnte er sofort Winckelriedts Respekt erlangen. Es folgte ein Kampf, bei dem geschickte Beinarbeit und Ausweichmanöver dominierten. Einmal, als der Dragonet versuchte, Winckelriedt mit Feuer zu überwältigen, kam sein gebogener Nacken dem Schwert zu nahe, und Winckelriedt schnitt ihm damit in sein Fleisch. Der Kopf der Kreatur fiel auf den Boden, und seine blinkenden Augen schlossen sich zum letzten Mal. Voller Freude hob Winckelriedt sein Schwert über den Kopf, und damit besiegelte er sein Schicksal. Ein Tropfen Blut des Drachen rann den Griff des Schwerts hinunter auf seine Hand. Er öffnete den Mund, um zu schreien, aber bevor er einen Ton herausbringen konnte, war er bereits tot, vergiftet durch das Blut des Biestes, das er wenige Minuten zuvor vernichtet hatte.

Den Anstoß zu dieser Geschichte dürften die Skelette von Pterodactylen – prähistorischen fliegenden Reptilien – gegeben haben, die beim Berg Pilatus gefunden wurden.

Die Gestalt des Dragonet mit seinem schmalen Rachen, langen Hals und spitzen Flügeln dürfte von den Fossilien der Pterodactylen angeregt worden sein.

Die lebenden Drachen von Komodo und Neuguinea

Es ist kaum zu bezweifeln, daß der Anblick von Krokodilen, Alligatoren und Riesenechsen viele Geschichten über klassische Drachen inspiriert hat.

Durch unzähliges Nacherzählen und Ausschmücken der ursprünglichen Berichte haben viele von diesen Flügel und die Fähigkeit, Feuer auszuspeien, erhalten. Zu den größten heute existierenden Echsen zählen die Warane in Afrika, Asien und Australasien, und diese könnten besonders geeignete Modelle für solche Ungeheuer gewesen sein. Es ist sicher kein Zufall, daß ihr beeindruckendster Vertreter in der Wissenschaft als Drache bezeichnet wird.

Heimisch in Komodo und auf drei weiteren winzigen Inseln der südostasiatischen Kleinen Sunda-Inselgruppe ist der Komododrache, die größte lebende Echse der Welt, deren Länge manchmal drei Meter überschreitet. Erstaunlicherweise blieb diese kolossale Kreatur der Wissenschaft noch bis 1912 unbekannt, aber die Einheimischen wußten von ihrer Existenz und auch von ihrer Fähigkeit, Menschen zu töten. Ihr drachenartiges Aussehen wird durch die hellgelbe Zunge, die aus ihrem Maul schnellt, noch gesteigert – in treuer Nachahmung ihrer mythischen, feuerspeienden Namensvettern.

Es ist nicht verwunderlich, daß der Komododrache, eine wilde, fleischfressende Echse von monströser Größe, als wahrer Drache angesehen wird.

Es könnte jedoch eine größere, noch drachenähnlichere Art von Waranen geben, die noch nicht wissenschaftlich entdeckt ist. Stämme in den Urwäldern von Papua-Neuguinea sprechen von dem Artrellia, der, wie sie behaupten, ein wilder Drache von bis zu neun Metern Länge sei und jeden, der ihm begegne, angreife und töte. 1980 wurde der „Operation Drake", einer wissenschaftlichen Expedition, die von dem Forschungsreisenden John Blashford-Snell geleitet wurde, ein junger Artrellia übergeben. Man fand heraus, daß er zu einer bereits bekannten Echsenspezies gehört, die Bindenwaran genannt wird. Die ausgewachsenen Tiere können viereinhalb Meter lang werden, sind aber schmäler als der Komododrache. Aus diesem Grund kann der Bindenwaran nicht als die größte Echse der Welt bezeichnet werden.

Kapitel

4

Fliegende Drachen

Im Laufe ihrer Evolution haben einige schlangenartige Drachen ihre Herrschaft auf der Erde oder im Wasser zugunsten einer Übermacht in der Luft eingebüßt. Sie verbrachten sehr viel Zeit damit, hoch oben über Land und Meer zu schweben und sich treiben zu lassen oder sich mit ihren erstaunlichen Flügelschlägen im großen wolkenbedeckten Königreich des Himmels fortzubewegen.

Auch wenn eine Amphiptere einer großen Schlange mit Flügeln ähnelt, so hat sie doch den Kopf eines Drachen. Eines der zuletzt registrierten Exemplare wurde am 27. und 28. Mai 1669 in der Nähe von Henham in Essex, England, gesehen.

Nach den Angaben eines örtlichen Pamphlets aus diesem Jahr war das Biest etwa drei Meter lang und mit Schuppen bedeckt. Es hatte große Augen, sein Maul enthielt nicht nur scharfe Fangzähne, sondern auch zwei Zungen (eine normale, die andere hatte die Form eines Pfeils), und es besaß ein Paar unproportionierte, schmale Flügel, die aus seinen Schultern wuchsen.

Doch trotz ihrer beachtlichen Größe und ihrem furchterregenden Rachen stellte sich heraus, daß die Amphiptere eher Angst hatte als angsteinflößend war. Den Dorfbewohnern gelang es, sie in den nahegelegenen Wald zu scheuchen, indem sie einfach ein paar Steine nach ihr warfen. Dennoch zog sie so viel Aufmerksamkeit auf sich, daß man fünf Jahre später ein Volksfest veranstaltete, bei dem Modelle von der ängstlichen Amphiptere verkauft wurden. Das Volksfest war so beliebt, daß es auch in den nächsten

Der fliegende Drache von Henham wurde in dem Büchlein „Die Fliegende Schlange“ dargestellt, das erstmals 1669 veröffentlicht wurde. Obwohl er von den Bauern bedroht wurde, sah er bemerkenswert fröhlich aus. Die Dorfbewohner haben ihren Drachen vermarktet, indem sie ein jährliches Volksfest veranstalteten, bei dem Abbildungen von ihm verkauft wurden.

Eine Amphiptere aus Edward Topsells Bestiarium „Die Geschichte der Schlangen“, das 1608 veröffentlicht wurde.

hatten sich aber eine sichere Methode ausgedacht, um an diese Ware zu gelangen: Sie verbrannten eine Art Harz, das Styrax genannt wird, in der Nähe der Bäume, und mit diesem Rauch konnten die Schlangen außerordentlich gut vertrieben werden.

Vor langer Zeit waren die geflügelten Schlangen in Arabien so zahlreich, daß große Horden von ihnen im Frühling nach Ägypten flogen. Zischend wie ein Schwarm schlangenartiger Heuschrecken und mit lautem Flügelschlagen zogen sich am Himmel entlang. Es war ein Glück für Ägypten, daß die Plage schnell von Ibisherden – großen storchenartigen Vögeln – bezwungen werden konnte, die die Schlangen verschlangen, bis keine einzige mehr am Leben war.

Flügel mit Federn oder Membranen besitzen, wurde in vielen Orten der Welt berichtet. In Indien gab es beispielsweise einmal eine besonders tödliche, in der Nacht aktive Art, deren Urin so giftig war, daß bereits ein Tropfen die Haut eines jeden verfaulen ließ, wenn er auf sie herunterfiel, während diese Schlangen darüber hinwegflogen.

Genauso unvergeßlich waren die singenden Schlangen vom Berg Sien in China. Jede dieser länglichen Kreaturen hatte vier Flügel, und das Erscheinen dieser Biester, die klappernde Laute von sich gaben, sagte verläßlich eine große Dürre in der Nachbarstadt voraus.

Im Gegensatz dazu wurde die phönizische Agathos daimon, eine unsichtbare Schlange mit einer herzförmigen Zunge und Flügeln, als gütiger Schutzgeist betrachtet.

Für geflügelte Schlangen schien der wichtigste Teil der Erde der Mittlere Osten gewesen zu sein. Nach dem griechischen Historiker Herodot, der im fünften Jahrhundert vor Christus gelebt hatte, bewohnte eine große Anzahl dieser Reptilien Arabien. Sie existierten dort in vielen Farben, waren vergleichsweise klein, aber sehr giftig und wurden dichtgedrängt in den Bäumen vorgefunden, die das teure, aromatische, gummiartige Harz, bekannt als Weihrauch, hervorbrachten. Die Weihrauchhändler

Aus diesem Grund hatte sich das Heer von Moses mit Körben voller lebender Ibisse ausgerüstet, als es die Äthiopier angriff, die in Ägypten eingefallen und bis Memphis vorgedrungen waren. Indem die Ibisse freigelassen wurden, stellte Moses sicher, daß weder irdische noch fliegende Schlangen das Vorankommen seines Heeres behinderten.

Geflügelte Schlangen traten häufig in der ägyptischen Mythologie auf. Das böse Monster Apep, das jede Nacht mit dem Sonnengott Ra um die Herrschaft kämpfte, wurde manchmal als eine große Schlange mit Flügeln dargestellt, ebenso auch Mertseger, die Göttin der Stille und Wächterin der Wüstengräber.

Die Schlangengöttin Buto, die Beschützerin des Pharaos, wurde oft in der Gestalt einer geflügelten Kobra porträtiert, die auf ihrem Kopf eine Krone trug. Seltener hatte man die geflügelte Schlange als ein Symbol von Nekhebet, der Muttergottheit und Göttin der Mutterschaft, angesehen.

Doch wenn geflügelte Schlangen einst so zahlreich vorhanden waren, warum leben dann heute keine mehr? Die Antwort könnte in ihrer grotesken Fortpflanzung liegen. Nach Herodot ergriff das Weibchen genau im Augenblick der Befruchtung den Nacken des Männchens und biß zu, bis sie ihren unglücklichen Partner vollständig geköpft hatte.

Außerdem legte das Weibchen keine Eier, es gebar lebende Junge. Der Nachwuchs fand aber auf einem besonders grausamen Weg in die Außenwelt: die Jungen bissen sich durch die Gebärmutter und den Darm ihrer Mutter. Während dieses Prozesses starb die Mutter zwangsläufig.

Eine ägyptische Grabmalerei von einer fliegenden Schlange im Tal der Königinnen zeigt wahrscheinlich Mertseger, die Schlangengottheit, die die Gräber in Theben bewachte.

Quetzalcoatl, der mit Federn geschmückte Schlangengott von Mexiko

Es schien, als ob sich der ganze Himmel in ein brennendes Inferno aus grünem Feuer verwandelt hätte, und jeder fiel vor Angst und Ehrfurcht auf den Boden, während die großartige Vision über ihnen am Himmel schwebte.

Wenn sie sich getraut hätten, dieses Wunder anzusehen, hätten sie eine riesige gefiederte Schlange erlebt, deren Windungen mit leuchtenden smaragdgrünen Federn geschmückt waren und die wie ein Blitz aus geschmolzenem Malachit durch das Himmelsgewölbe schoß.

Als sich der fliegende Drache jenseits von seinen am Boden liegenden Anbetern befand, stieg er zur Erde hinab und verwandelte sich, sobald die ersten Federn seines schlangenartigen Körpers das Gras streiften. Für einen Augenblick wurde das gefiederte Reptil von einem Lichterball umhüllt, der verblaßte, und anstelle der Schlange offenbarte sich ein majestätischer Gott, der in ein herrliches aus den gleichen grünen Federn gestaltetes Gewand gekleidet war und eine türkisfarbene Maske in der Form des schrecklichen Rachens eines Krokodils trug. Es war Quetzalcoatl, der gefiederte Schlangengott des Windes, der Weisheit und des Lebens.

Die Geschichte von Quetzalcoatl ist die der mannigfaltigen, sich verändernden Identitäten. In der Zeit der Mayakultur auf Mexikos Halbinsel Yucatán (500 vor Christus bis 900 nach Christus) stellte die mit Federn geschmückte Schlange Kukulcan eine bedeutende Gottheit dar. Ähnlich wichtig war Topiltzin, der sich selbst den Titel Quetzalcoatl verlieh und der der erste König der Tolteken, einer kriegsführenden Rasse, war, deren Reich im Tal von Mexiko in der zweiten Hälfte des zwölften Jahrhunderts zerfiel. Als das Tal später von einem Nomadenvolk besetzt wurde, das als die Azteken bekannt geworden ist, nahm dieses die gefiederte Schlange Quetzalcoatl in den vielfältigen Pantheon seiner Götter auf, die aus den Legenden der vielen Stämme übernommen wurden, auf die es während seiner früheren Reisen gestoßen war.

Quetzalcoatl wird von Zoologen als mythologische Vereinigung einer Schlange mit einem echten, aber besonders ausgefallenen Vogel, dem Quetzal, identifiziert. Diese leuchtendgrüne Spezies mit scharlachrotem Bauch, die zur Trogonfamilie gehört, findet man in Mexiko, Guatemala und weiter südlich in Costa Rica. Das Männchen prahlt mit vier schimmernden, smaragdgrünen Schwanzfedern, die über 60 Zentimeter lang sind. Sie bewegen sich wellenförmig im Flug und lassen den Vogel so als eine fliegende, gefiederte Schlange erscheinen.

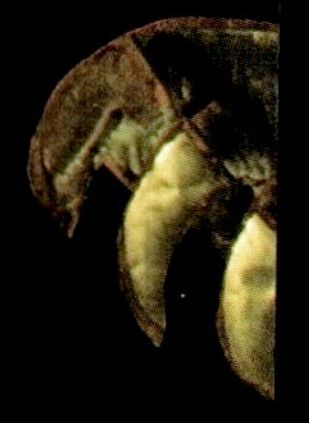

In der Mythologie Zentralamerikas wird von vielen Begegnungen Quetzalcoatls mit seinem erbitter-

Aztekenkönige trugen feierliche Schutzschilde, die mit Motiven – häufig Drachen aus Federn wie etwa dieser – geschmückt waren.

Quetzalcoatl wird manchmal als Mann dargestellt und manchmal als eine gefiederte Schlange. Hier erscheint er in beiden Gestalten.

ten Feind, Tezcatlipoca, berichtet, dem Gott des Betrugs und der Dunkelheit, dessen Namen sich auf den Spiegel aus Obsidian bezieht, durch den er in die Zukunft blicken konnte.

Bei einer Gelegenheit überredete Tezcatlipoca den jungen Quetzalcoatl, in die Tiefe seines Spiegels zu schauen, und erschreckte ihn mit Visionen von seinem Aussehen in der nahen Zukunft: ein verhutzelter, geschwächter alter Mann mit einem blassen Gesicht und einem langen weißen Bart.

Ein anderes Mal trieb Tezcatlipoca den ehrlichen Schlangengott erfolgreich ins Verderben, als er ihn zum Weintrinken nötigte, bis er betrunken mit seiner eigenen Schwester schlief. Wieder nüchtern fühlte sich Quetzalcoatl wegen seines Verhaltens so gedemütigt, daß er einen Scheiterhaufen anzündete und sich darauf warf. Seine Asche verwandelte sich in eine Phalanx aus großartigen, gefiederten Vögeln, die den Himmel mit ihren leuchtenden Farben erfüllten. Quetzalcoatls Herz stieg in den Himmel, wo es als Morgenstern bleiben wird.

Aber die vielleicht berühmteste aller Geschichten über den Quetzalcoatl erzählt von seinem Abschied und seiner prophezeiten Rückkehr. In der Mythologie der Tolteken war er der Herrscher von Tollan, der Hauptstadt ihres Reiches, bis Tezcatlipoca beschloß, die Menschen aus Tollan zu vernichten und ihren Herrscher für alle Zeiten zu verbannen. Die böse Gottheit metzelte eine große Anzahl Tolteken nieder und besiegelte anschließend das Schicksal der verbleibenden Tolteken, indem er sie mit dem verlockenden Duft von geröstetem Mais in ein verdunkeltes Haus lockte. Dann lenkte Tezcatlipoca seine Aufmerksamkeit auf Quetzalcoatl.

Aus Verzweiflung darüber, daß er sein Volk im Stich gelassen hatte, zündete Quetzalcoatl den Ort Tollan an, wandte sich ab und reiste einsam durch die Berge an das Meer. Aber sogar während dieser letzten traurigen Pilgerreise verfolgte Tezcatlipoca, sein erbitterter Feind, den Schlangengott erbarmungslos und war nicht eher zufrieden, bis er ihm jede Fähigkeit und jedes Vermögen, das er besaß, geraubt hatte. Als Quetzalcoatl am Meer angekommen war, war seine magische Macht zwar erheblich eingeschränkt, aber nicht ganz aufgehoben. Während er auf die rollenden Wellen blickte, gestaltete er ein Floß aus ineinander verschlungenen Schlangen und segelte dann damit in Richtung Osten davon.

Nach einer Prophezeiung der Azteken sollte der Beschützer ihres Volkes im Triumph zurückkehren, und es schien, daß diese Zeit im Jahre

Der auffallend gefärbte Quetzal hat enorm lange Schwanzfedern, die eine herrliche Schleppe bilden und sich beim Fliegen wellenförmig bewegen, so daß er dann wie eine Schlange aussieht. Die Azteken brachten ihn mit dem gefiederten Schlangengott Quetzalcoatl in Verbindung.

1519 gekommen war, als eine Schiffsflotte auftauchte. Beobachter an der Küste rannten sofort los, um den Aztekenkönig Montezuma II. darüber zu informieren. Als die Männer in glänzenden Rüstungen, die von den Schiffen befördert worden waren, anlegten, wurden sie mit dem Pomp begrüßt, den ihr vermuteter göttlicher Status verlangte.

Tragischerweise handelte es sich bei den Besuchern um spanische Konquistadoren, die Pferde und Waffen mitbrachten. Ihr Anführer Hernán Cortéz war Tezcatlipoca ähnlicher als Quetzalcoatl, denn in nur zwei Jahren löschte er die Azteken aus und zerstörte ihr Reich, so daß nur noch ihre Legende übrigblieb.

Die Drachen-gottheiten von China

Die verschiedenen orientalischen Drachenarten unterscheiden sich grundlegend von ihren westlichen Verwandten.

Zu den drastischsten Unterschieden gehört ihre Fähigkeit zu fliegen, obwohl sie keine Flügel haben, ihre Verwandlungskunst, die es ihnen erlaubt, unzählige Gestalten (auch menschliche) anzunehmen, ihre allgemein wohlwollende Art und ihr gutes Verhältnis zu den Menschen sowie die Tatsache, daß diese ätherischen Drachen von der Menschheit geachtet werden. Tatsächlich behaupten viele der ältesten und majestätischen östlichen menschlichen Geschlechter, daß sie von ihnen abstammen.

Der bekannteste orientalische Drache ist der chinesische Drache, dessen schlangenartiger Körper und wildes bärtiges Gesicht einem sofort einfällt, wenn man an solche Kreaturen denkt. Wie von dem Gelehrten Wang Fu, der während der Han-Dynastie (202 vor Christuis bis 220 nach Christus) forschte, aufgezeigt wurde, ist er jedoch morphologisch eine komplexe Kombination von Merkmalen, die neun verschiedenen Wesen entnommen wurden.

Der Kopf des chinesischen Drachen ist der eines Kamels, seine Augen stimmen mit denen eines Dämons überein, seine Ohren mit denen einer Kuh, seine Hörner sind die verzweigten Geweihe eines Hirsches, sein Nacken ist der einer Schlange und sein Bauch der einer Venusmuschel. Er besitzt die Fußsohlen eines Tigers, hat Klauen wie ein Adler und 117 seinen Körper bedeckende Schuppen, wie sie ein Karpfen besitzt. 81 dieser Schuppen enthalten Wohlwollendes (Yang) und 36 Bösartiges (Yin), denn der orientalische Drache kann auch einen böswilligen Einfluß geltend machen, obwohl er meistens freundlicher Natur ist. Sogar seine Stimme ist ambivalent: lieblich und mißtönend zugleich.

Seine Fähigkeit, ohne Flügel fliegen zu können, hat er dem Chi'ih muh zu verdanken, einer blasenförmigen Schwellung oben an seinem Kopf. Und die überzeugende Kraft des männlichen Drachen stammt von einer leuchtenden Perle, die unter seinem Kinn oder Rachen in Hautfalten verborgen ist.

Anders als seine westlichen Artgenossen durchläuft der chinesische Drache während seiner Entwicklung vom Drachenjungen zum erwachsenen Drachen – ein Prozeß, der 3000 Jahre andauert – verschiedene Phasen. Aus

Drachen schmückten häufig die Kleider von wichtigen Beamten. Dieser vierzehige goldene Drache mit silbernen Klauen wurde in Silber und Gold auf das Gewand eines Mandarins gestickt.

einem edelsteinartigen Ei geschlüpft, das ein Jahrtausend vorher gelegt wurde, ist er auf seiner ersten Entwicklungsstufe eine Wasserschlange (chinesische Drachen haben immer einen engen Bezug zum Wasser, insbesondere zum Regen), die 500 Jahre braucht, um den Kopf eines Karpfens zu entwickeln. Nun wird er Kiao genannt. Die Veränderung zu einem fischartigen Wesen dauert schließlich ein weiteres Jahrtausend, in dem er sich auch die Schuppen eines Karpfens zulegt. Er entwickelt sich zu einem schlangenartigen Drachen, der vier kurze Beine hat, einen länglichen Schwanz, ein Gesicht, einen Bart und an jedem Fuß vier Klauen.

In diesem Stadium seines Wachstums erhält der Drache den Namen Kiao-lung oder Lung, was mit „taub" übersetzt werden kann, denn seine Ohren funktionieren nicht. In den nächsten 500 Jahren wachsen ihm jedoch ein Paar Hörner, durch die er hören kann.

Nun heißt der Drache Kioh-lung und hat die bekannteste Gestalt der chinesischen Drachen angenommen. Aber seine Metamorphose ist noch nicht vollständig beendet. Weitere tausend Jahre sind notwendig, um das Charakteristische des orientalischen Drachen zu formen, eine Reihe von verzweigten

Keramische Wandfliesen im Kulturzentrum von Hongkonk zeigen einen Drachen, der mit einer Perle spielt, die Kraft und Weisheit verleiht und die der männliche Drache unter seinem Kinn trägt.

Flügeln. Erwachsen wird der geflügelte Drache Ying-lung genannt, und es versetzt wahrhaft in Staunen, ihn zu betrachten.

Es gibt zahlreiche chinesische Drachen, vier von ihnen sind jedoch besonders wichtig. Der T'ien lung ist der himmlische Drache, Beschützer des Himmels und Wächter der Behausungen der Götter. Von gleichrangiger Bedeutung ist der Shen-lung oder der geistige Drache, der azurblaugeschuppte Herr der Stürme und der vom Himmel getragene Regenbringer.

Die Kleider und Insignien der chinesischen Kaiser sind reich mit Abbildungen des fünfzehigen Shen-lung verziert. Dieser Drachen durfte nur vom Kaiser für dekorative Zwecke verwendet werden. Wer sich nicht daran hielt, wurde mit dem Tod bestraft.

Der im Ozean wohnende Lung wang oder Drachenkönig, dargestellt in „Der Drache, Bild und Dämon" von Hampden C. du Bose.

Der Ti-lung ist der Drache des Landes, des Stroms und des Flusses, der den Frühling im Himmel und den Herbst im Meer verbringt, und der Fu-ts'ang lung ist der Drache der Schätze.

Zu den anderen Drachen gehören der gelbe Drachen oder das Drachenpferd, ein göttlicher Botschafter, der aus dem Fluß Lo stammt und die acht Trigramme des Weissagungssystems, bekannt als I-ching, offenbart, zudem der Feuerdrache mit einem menschlichen Körper oder Lung wang, der unsterbliche Drachenkönig, der in einem Palast auf dem Grund des Ozeans wohnt, und der Donnerdrache mit Schuppen aus Obsidian, der sich oft in einen Jungen mit ultramarinfarbener Haut verwandelt, der auf einem Karpfen reitet.

Der T'ao t'ieh ist vielleicht der älteste Drache. Er hat nur einen Kopf und ein einziges Paar Vorderbeine, jedoch zwei Körper, die beide mit einem Paar Hinterbeine und einem Schwanz ausgestattet sind. Im zweiten Jahrtausend vor Christus von Kaiser Shin in den äußersten Weltraum verbannt, verkörpert dieses sechsbeinige Monster die Unersättlichkeit. Er wird oft auf Geschirr abgebildet, um die Gier zu schmälern.

Mit einem zentrierten Kopf und einem Körper auf jeder Seite ist der T'ao t'ieh eine eindrucksvolle symmetrische Gestalt und ein beliebtes Modell für Künstler, die ein symmetrisches Objekt suchen, das den Mittelpunkt eines Fries oder die Ecke einer dekorativen Schnitzerei einnehmen soll.

Singvögel der Traurigkeit, Drachen der Verzweiflung

Oberflächlich gesehen sind die Drachen Japans denen Chinas ähnlich, doch ihre Gestalt ist noch schlangenartiger, sie besitzen nur drei Krallen an jedem Fuß und halten sich nicht so sehr in der Luft auf.

Die bekannteste Art ist der Tatsu, der von einer primitiven dreizehigen Gattung des chinesischen Drachen abstammt. Im Gegensatz zu seinen Vorfahren wird er traditionell eher mit dem Meer als mit dem Regen in Verbindung gebracht. Schließlich ist Japan weniger anfällig für Dürrekatastrophen als China, und aus diesem Grund wird es als weniger notwendig erachtet, regenbringende Drachengottheiten anzubeten.

Weitaus grotesker war der achtköpfige Drache, der mit Susa-no-wo, dem Bruder von Japans gerechtem Sonnengott Ama-terasu, konfrontiert wurde. Während Susa-no-wo am Fluß Hi-no-ka-mi in der Provinz Izumo entlangging, begegnete er einer wunderschönen Frau, die sich in der Gesellschaft eines älteren Paares befand, und alle drei sahen sehr verzweifelt aus. Als er fragte, warum sie weinten, erfuhr er, daß die beiden Älteren die Eltern der jungen Frau waren, die von acht Töchtern nur noch diese eine hatten, denn seit sieben Jahren wurde jährlich eine ihrer Töchter von dem Drachen aus Koshi entführt und verschlungen. Bald würde er zum letzten Mal kommen, um ihre letzte geliebte Tochter Kush-inada-hime zu holen.

Der Drache war ein schreckliches Biest, so riesig, daß sein mächtiger Körper sich über acht Berge und acht Täler erstreckte. Auf seiner rauhen Haut wuchsen Bäume und Moos. Er besaß acht schlagende Schwänze, acht grauenhafte Köpfe, jeder mit Augen, die so rot wie die japanische Winterkirsche waren, und er hatte einen ekligen, entzündeten Bauch. Kein Sterblicher konnte ein solches Monster bezwingen. Doch Susa-no-wo war mehr als nur ein Sterblicher. Als Gegenleistung dafür, daß er Kush-inada-hime heiraten durfte, versprach er, ihren reptilienartigen Feind zu vernichten. Als die Eltern – glücklich über dieses Angebot – freimütig ihre Zustimmung gaben, machte sich Susa-no-wo sofort an die Arbeit, um den schnellen Tod des Drachen zu organisieren.

Nachdem er seine zukünftige Braut in einen unauffälligen Kamm verwandelt hatte, den er in seinem Haar versteckte, wies Susa-no-wo ihre Eltern an, eine große Menge starken Sake zuzubereiten und ihn in acht große Fässer zu schütten. Danach wurde eine riesige Palisade mit acht Toren errichtet. Hinter jedem Tor befand sich eine lange Bank, und auf jede Bank wurde ein Faß Sake gestellt. Anschließend versteckten sich Susa-no-wo und Kush-inada-himes Eltern in der Nähe und warteten auf den Drachen.

Wie vermutet, erwies sich der schwere Duft des Sakes als ein erfolgreicher Köder für das Ungeheuer,

Dieser Print von Kunisada stellt wahrscheinlich die legendäre weise weibliche Tai-shin dar, als sie auf dem Rücken eines weißen Drachen über den Ozean fliegt.

das von dem Wein hinter den Toren der Palisade kosten wollte. Mit unersättlicher Gier schlürfte es mit jedem seiner acht Mäuler schnell ein Faß Sake aus, und schon nach kurzer Zeit wurde der Drache unweigerlich so betrunken, daß er im Vollrausch zu Boden sank.

Ohne Zeit zu verlieren, kam Susa-no-wo aus seinem Versteck hervor, hob sein scharfes zweihändiges Schwert gen Himmel und zerhackte das bewußtlose Biest so lange in unzählige Stücke, bis der Hi-no-ka-mi zu einem blutroten Strom wurde.

So endete der Drache aus Koshi, und Susa-no-wo begann ein neues Leben in Izumo, mit seiner Frau Kush-inada-hime – und auch mit einem neuen Schwert. Zu seiner großen Überraschung hatte er nämlich in einem der abgeschlagenen Schwänze des Drachen eine wunderbare, scharfe Klinge gefunden, das Kusa-nagi-no-tachi oder kräuterbezwingende Drachenschwert. Er überreichte es schließlich seiner Schwester, der Sonnengöttin.

Ganz anders als der Koshi-Drache, aber nicht weniger exotisch, was seine Gestalt betrifft, ist der Hai riyo – den man auch als den Tobi tatsu, Schachi hoko oder Drachenvogel kennt. Diese bemerkenswerte Kreatur ist mehrmals im Chi-on-in-Kloster in Kyoto abgebildet. Der Hai riyo soll vermutlich das japanische Äquivalent des geflügelten Drachen von China bzw. des Ying-lung sein, vom Aussehen her ist er dem chinesischen Drachen jedoch kaum ähnlich.

Anders als der Ying-lung mit dem gelenkigen, schuppigen Körper wird der Hai riyo mit Flügeln aus Federn, dem Körper und Schwanz eines Vogels und mit Krallenfüßen dargestellt. Aber auch er hat das unverwechselbare bärtige Gesicht eines Drachen. Zudem sollen sich Drachen in Japan ziemlich oft in

Der Hai riyo oder Drachenvogel, eine wildaussehende Kreatur, ist das japanische Gegenstück zum chinesischen Ying-lung, der die endgültige Form eines Drachen besitzt.

Vögel verwandeln. Angeblich kommt dies regelmäßig an einem sehr großen Teich vor, der Ukisima heißt und im östlichen Teil Fu-si-mi-shi-ro-yamas in Yama-shiro in der Nähe von Kyoto liegt. Oft spielen Kinder in den warmen Sommermonaten in dessen unmittelbaren Umgebung oder waten in Ufernähe im Wasser, aber keines schwimmt in die Mitte des Teichs, da sich dort das Tiefwasserreich eines großen, weißen Drachen befindet.

Dieses Ungeheuer verursacht in der örtlichen Bevölkerung Angst und Verzweiflung. Alle 50 Jahre nimmt es die Gestalt eines O-gon-cho, eines goldgefiederten Singvogels, an, aber seine Lieder machen traurig statt fröhlich und erinnern an das Heulen eines Wolfes. Wenn dieser gefiederte Rächer gesichtet wird oder seine unheimliche Stimme erklingt, sind eine schreckliche Hungersnot und eine Seuche zu erwarten, die viele Menschen sterben lassen. Man glaubte den O-gon-cho im April 1834 gesehen zu haben, und tatsächlich herrschte in diesem Gebiet kurz darauf eine weitverbreitete Hungersnot. Zudem brachen dort Krankheiten aus. Seine Federn mögen vergoldet und hell sein, aber seine unheimliche Stimme wird immer die wahre Natur des Vogels verraten.

Trotz ihres verherrlichten, oft göttlichen Status haben die japanischen Drachen Feinde. Zu den besonders unangenehmen zählen die Fuchsgeister, die unreine Gegenstände mit sich tragen, um sicherzugehen, daß sie von den Drachen nicht angegriffen und so für ihre Betrügereien bestraft werden. Die Fuchsgeistern haben Gefallen daran, Menschen zu quälen, und dafür nehmen sie die menschliche Gestalt an. Sie leben 1000 Jahre lang und beherrschen die Kunst der Täuschung, wenn sie erwachsen sind. Sollte sich ein verhältnismäßig junger Fuchsgeist in einen Menschen verwandeln, kann er leicht erkannt werden: Wenn er an einem Teich steht, wird er durch sein Spiegelbild im Wasser verraten, welches einen Fuchs zeigt.

Wie ihre Namen bereits vermuten lassen, erscheinen die Fuchsgeister oft als Füchse. In dieser Gestalt sind sie jedoch an ihren gelben Zungen aus lodernden Flammen zu erkennen, die kurz über ihren Köpfen auftauchen. Erst wenn sie 1000 Jahre lang auf der Erde gelebt haben, hören sie auf, sich für Betrügereien zu interessieren. Ist diese Zeit gekommen, wird ihr Fell weiß oder golden, es wachsen ihnen neun herrliche Schwänze, und anschließend steigen sie in den Himmel auf. Noch immer im Besitz magischer Kräfte, aber nicht mehr bösartig, sind die Fuchsgeister dann zu tugendhaften Lebewesen geworden, die auf der Erde landwirtschaftliche Tätigkeiten überwachen.

In einem Artikel der Zeitschrift „Scientific American" aus dem Jahre 1916 hielt es J. O'Malley Irwin für möglich, daß sich der traditionelle östliche Glaube an japanische und chinesische Drachen aufgrund früher Funde von Fossilien riesiger Sauropoden entwickelt hat (siehe Seite 72). Irwin und seine Frau hatten im November 1915 sensationelle Skelette einer riesigen orientalischen Spezies von Sauropoden, die mit dem amerikanischen Morosaurus (auch als Camarasaurus bekannt) verwandt ist, entdeckt, als sie eine Höhle mit dem Namen Shen K'an Tzu, die sich am Ufer des Flusses Yangtze in der Nähe der Ichang-Schlucht befindet, erforschten.

Der anerkannte amerikanische Wissenschaftler Professor Carl Sagan hat die Behauptung, daß die Drachen vielleicht auf Dinosaurier zurückzuführen sind, unterstrichen. In seinem Buch „Die Drachen von Eden" (1977) erklärt er, daß Mythen und Legenden von Drachen dadurch angeregt worden sind, daß uns die ersten Säugetiere, kleine, schraubenförmige Lebewesen, die in prähistorischer Zeit lebten und im Schatten der Dinosaurier herumhuschten, auf die Existenz dieser Riesen aufmerksam machten.

Tiere, die von japanischen Töpfern modelliert werden, sehen immer etwas humorvoll aus. Dieser fröhlich dreinblickende Drache ist dabei keine Ausnahme.

Die geflügelten Schlangen von Wales

In den Jahren um 1880 glaubte man, daß Schlangen von bewundernswerter Schönheit mit kunstvollen gefiederten Flügeln Glamorgan in Wales bewohnten.

Nach den Angaben eines alten Mannes, der in Penllyne in Glamorgan lebte und im frühen zwanzigsten Jahrhundert verstarb, enthielten die Wälder um das Schloß von Penllyne in seiner Kindheit viele dieser außergewöhnlichen Kreaturen. Es wurde behauptet, daß sie mit leuchtenden Farben ausgestattet waren und, ähnlich wie ein Pfauenschwanz, Flügel mit Augen hatten. Einige besaßen auch regenbogenfarbene Hauben.

Doch trotz ihrer herrlichen Erscheinung wurden die geflügelten Schlangen von der Bevölkerung wie Schädlinge getötet, da sie das Geflügel der Bauern fraßen. Auch der Vater des alten Mannes und sein Onkel hatten einige umgebracht. Schließlich waren sie angeblich ausgestorben. Auch in Penmark Place wurde von fliegenden Schlangen berichtet. Eine Frau gab an, daß diese dort sogar von einem „König" und einer „Königin" regiert wurden.

Was könnten solche Schlangen gewesen sein, wenn sie existiert haben? Vor Millionen Jahren war Großbritannien das Zuhause des Kuehneosaurus, eines eidechsenartigen Biestes, dessen Rippen sich zu zwei flügelähnlichen Gliedmaßen ausdehnten, die es ihm ermöglicht haben, in der Luft zu gleiten. Heute gibt es ein sehr ähnliches Wesen, das in den feuchten Urwäldern Südostasiens lebt und passend als Draco volans oder fliegender Drache bezeichnet wird. Es existiert jedoch nicht in Europa und könnte in diesem Klima auch nicht überleben, wenn man es in die Wälder von Wales bringen würde.

Es wird vermutet, daß es sich bei den Schlangen mit den hellen Farben und gefiederten Flügeln, die im Jahre 1812 im Tal von Edeyrnion entdeckt wurden, möglicherweise um Pfauenhähne handelt, die man dort in dieser Zeit noch nicht kannte. Diese Theorie erklärt jedoch nicht die Vorliebe der Schlangen für Geflügel.

Einmal schien es fast einen Beweis für ihre Existenz gegeben zu haben. Die Frau aus Penmark Place erklärte nämlich, daß ihr Großvater eines dieser Biester getötet und dessen gefiederte Haut aufgehoben hätte. Leider hätten Verwandte sie aber nach seinem Tod weggeworfen. Wäre dies nicht der Fall, könnte die Wissenschaft heute vielleicht die Identität der fliegenden Schlangen von Wales bestimmen.

Der Kuehneosaurus konnte in der Luft gleiten.

Kapitel 5

Neue Drachen

Die vielen unterschiedlichen Monster, die als neue Drachen bekannt sind, sind in der mythologischen Zoologie keine echten Drachen, aber ihre stürmischen Zusammentreffen mit den Menschen im Laufe der Zeit haben gezeigt, daß solche Wesen wie der Basilisk, die Hydra, der Peluda und andere den Drachen in ihrem Verhalten und Aussehen genauso stark ähneln wie irgendeiner ihrer echten Brüder.

Vom Basilisken zum Cockatrice

Eines der gefürchtesten Monster in der westlichen Welt war in früheren Zeiten der Basilisk, ein kleines, aber scheußliches Reptil, das als König der Schlangen angesehen wurde.

Da er die geduckte, auf dem Bauch kriechende Fortbewegungsart, die von seinen abscheulichen Untertanen angenommenen wurde, verachtete, hielt der Basilisk den vorderen Teil seines sechzig Zentimeter langen, mit safrangelben Schuppen bedeckten Körpers stolz nach oben, während er über den Boden glitt. Auf seinem Kopf trug er eine Art Krone, die aus drei weißen Tuberkeln bestand und einem silbernen Diadem ähnelte. Sein königlicher Status wurde auch aufgrund seines Namens anerkannt – das griechische Wort „basilisk" bedeutet wie der lateinische Ausdruck „regulus" „kleiner König".

Trotz seiner geringen Größe war der Basilisk ein unerbittlicher Feind aller, die ihm begegneten. Er konnte riesige Tiere vernichten und den mächtigsten Felsbrocken mit einem einzigen Blick aus seinen bösartigen Augen auseinanderreißen. Sein verderblicher Atem ließ die kräftigsten Bäume und Büsche verwelken, und er vergiftete stets jeden Bach und Fluß, aus dem er trank. Sogar der widerliche Geruch seines Schweißes war tödlich. Und jedes fruchtbare Land, durch das dieses Ungeheuer zog, wurde in eine leblose, dürre Wüste verwandelt.

Nur drei Lebewesen konnten den vernichtenden Kräften des Monsters entgegenwirken: das Wiesel, das irgendwie immun gegen seinen todbringenden Blick war, der Hahn, dessen heiseres Krähen den Schlangenkönig aus Angst fliehen ließ, und die Gartenraute, eine Pflanze, die seinem giftigen Atem widerstehen konnte und die von Wieseln als Heilmittel verwendet wurde, wenn sie sich bei Kämpfen mit dem Ungeheuer verletzt hatten.

Im Mittelalter veränderte der Basilisk sehr stark seine Gestalt – wenigstens in den Dokumenten seiner Chronsiten. Ihm wuchsen Beine wie die eines Vogels (normalerweise zwei, doch manchmal auch bis zu acht) sowie ein gewundener Schwanz und schließlich ein Paar Flügel. Und somit entwickelte sich der Schlangenkönig zu einem Biest, das dem Wyvern glich, aber dennoch anders aussah. Denn obwohl sein Körper und Schwanz die Schuppen eines Reptils behielten, bekamen seine Flügel Federn, und sein Kopf verwandelte sich in den seines ehemaligen Bezwingers – des Hahns. Kehllappen hingen an beiden Seiten seines Gesichts herunter, sein Mund formte sich zu einem hornigen Schnabel, und er nahm sogar die Laute seines Feindes, das Krähen, an.

Schließlich änderte sich auch sein Name. Er hieß nicht mehr Basilisk, der König der Schlangen, sondern dieser falsche Hahn wurde nun als Cockatrice bekannt. Am bizzarsten von allem war, wie diese entsetzliche Zusammensetzung aus einem Hahn und einem Reptil entstand. Während angenommen wurde, daß Basilisken einfach aus Eiern schlüpften,

Der Cockatrice, der sich aus dem Basilisken entwickelt hat, war eine beeindruckende Kreatur mit Eigenschaften eines Drachen und eines Hahns.

die andere ihrer Gattung gelegt hatten, war die Herkunft des Cockatrice viel exotischer. Es schlüpfte aus einem runden, ledernen Ei ohne Schale, das im Dung einer Kröte ausgebrütet wurde, nachdem es von einem siebenjähriger Hahn gelegt worden war, als der Hundsstern Sirius aufstieg.

Was sein Verhalten anging, war der Cockatrice genauso grausam wie sein schlangenartiger Vorfahre. Glücklicherweise gab es jedoch wenigstens eine wirkungsvolle Methode, um diese ekelhafte Kreatur zu vernichten. Sie wurde im Mittelalter erfolgreich gegen den wilden Cockatrice von Wherwell, einem Dorf in Hampshire, England, eingesetzt.

Diese Kreatur war aus einem Ei geschlüpft, das eine Kröte im Keller der Wherwell-Priorei ausgebrütet hatte, und von den Nonnen der Priorei aufgezogen worden, bis ihre wahre Natur erkannt werden konnte. Daraufhin hatte sie sich im Keller zurückgezogen und tauchte ab und zu auf, um das Vieh in der Region zu verschlingen und jeden anzugreifen oder sogar zu töten, der sich ihr entgegenstellte.

Der Cockatrice vom See Fagua in Chile wurde als ein riesiges und ungewöhnliches Biest mit zwei Schwänzen und dem Gesicht eines Mannes beschrieben.

Die afrikanische Kobra, die einen Kronenkamm trägt, soll einen schlangenhaften Körper und Fangzähne, aber auch die Merkmale eines Hahnes besitzen.

Diese Tyrannei wurde beendet, als ein Diener der Priorei sein Wissen aus einer alten Sage nutzte, um das Monster zu vernichten. Der Blick eines Cockatrice war so gefährlich, daß er sogar für Artgenossen tödlich sein konnte, und deshalb deponierte der Mann einen Stahlspiegel in dem Keller, in dem das Biest lebte. Als der Cockatrice sein Spiegelbild sah, griff er es sofort an, da er es für einen Eindringling hielt, und tötete sich selbst mit seinen Blicken.

Der Basilisk und der Cockatrice lebten anscheinend hauptsächlich in Nordafrika und Westeuropa, aber in vielen Teilen der Welt wurde von ähnlichen Kreaturen berichtet. In Island soll ein Biest existiert haben, das dem Basilisken ähnelte und Skoffin genannt wurde. Es konnte nur durch den Blick eines anderen Skoffins vernichtet werden oder indem man es mit einem silbernen Knopf, auf dem ein Kreuz eingraviert war, beschoß. 1784 hörte man von einem Cockatrice mit Männergesicht und Eselsohren, den Hörnern eines Bullen und zwei Schwänzen (einer ergriff die Beute, und der andere tötete sie), der bei Nacht aus dem See Fagua in Chile herauskam, um Ochsen, Schweine und andere Tiere zu verschlingen. Dies hat sich jedoch als eine bewußte Falschmeldung herausgestellt.

Der englische Naturforscher Philip Gosse sammelte 1845–46 in Jamaika viele Augenzeugenberichte von einer mysteriösen Schlange mit Kehllappen, die wie ein Hahn krähen konnte – ein echter Basilisk, der das erste Stadium der Metamorphose in einen Cockatrice erreicht hatte? Und schließlich haben Einheimische und Besucher Zentralafrikas jahrhundertelang von einem größeren, giftigen Pendant berichtet, das Inkhomi (Mörder) oder krähende Kobra mit einem Kamm genannt wurde. Teile von Überresten dieser Schlange wurden manchmal untersucht, aber niemals mit irgendeiner Spezies identifiziert, die der Wissenschaft bekannt ist.

Könnte es denn sein, daß der Basilisk und der Cockatrice – ähnlich wie der Tatzelwurm – vielleicht mehr sind als ein Mythos? Möglicherweise gibt es lebende Versionen von ihnen, die in Afrika und auf den Westindischen Inseln noch auf ihre Entdeckung warten. Es wäre nicht das erste Mal, daß sich eine legendäre Kreatur als ein Wesen der Realität erweisen würde.

In dieser mittelalterlichen Darstellung hat der Basilisk noch seine Krone und schlangenartige Gestalt, aber bereits die Beine, den Schnabel und die Kehllappen eines Cockatrice.

Der Terror des Tarasque

Im Mittelalter hielten sich in Frankreich legendäre Monster auf – anachronistische Greuel, die aus der Urzeit übriggeblieben waren.

Außerordentlich schrecklich war ein Neudrache, der Tarsaque hieß. Er wurde von dem biblischen Monster Leviathan geboren und lebte ursprünglich in Galatien in Kleinasien, war aber zum Jagen nach Südfrankreich an die Ufer der Rhône, zwischen Avignon und Arles, gekommen.

Eines Abends, als die Schatten der Nacht herabsanken, beschleunigte ein Reisender mit dem Namen Jacques du Bois seine Schritte, als er am Flußufer entlangging. Nervös suchte er mit den Augen das finstere Wasser und den dunklen angrenzenden Wald ab. Er hielt nach etwas Ausschau, das er – dafür betete er inbüstig – nicht zu sehen wünschte.

Du Bois hatte unheimliche Gerüchte gehört, daß sich eine abscheuliche Kreatur mit dem Namen Tarasque an dieser Flußstrecke angesiedelt hatte. Hier tyrannisierte sie das unglückliche Volk aus dem naheliegenden Nerluc, einer einst ruhigen, ländlichen Stadt. Einwohner und Viehbestände des Ortes standen zwar im Mittelpunkt ihrer unermüdlichen Verwüstungen, aber sie verschlang auch jeden Reisenden, der vorbeikam und sich in der Nähe dieses räuberischen Monsters aufhielt.

Durch solche beängstigenden Gedanken, die unkontrolliert durch seinen Kopf jagten, abgelenkt, hörte der Reisende das tiefe Grollen nicht, das wie ein Donnern klang und aus einer vor ihm liegenden,

Eine Gedenktafel, die im Museum für volkstümliche Kunst und Tradition in Paris ausgestellt ist, zeigt den Tarasque, als er einen Mann verschlingt.

schattigen Lichtung kam. Plötzlich schien der Wald auseinanderzubrechen, und eine makabere Gestalt trat aus seinen verborgenen Tiefen hervor.

Der Tarasque hatte eine kräftige Statur, gewaltiger als das größte Pferd oder der stämmigste Ochse. Er

stand auf sechs starken Gliedmaßen, die mit den mörderischen Pranken eines riesigen Bären ausgestattet waren, und bewegte seinen langen viperartigen Schwanz wie eine lebendige Peitsche wütend hin und her. Die Mähne seines löwenartigen Kopfs wallte wie geglättete goldene Wellen auf seinen Schultern, und seine Zähne waren riesige Todesdolche aus Elfenbein. Das massive Rückenschild, das seinen Körper bedeckte, ähnelte dem Panzer einer kolossalen Schildkröte und protzte mit einem Arsenal von beeindruckenden mächtigen Stacheln, die das Monster in jeglichem Kampf unbezwingbar machten.

Der unglückliche Jacques du Bois wußte ganz genau, daß er nun nicht mehr lange leben würde – und sein Tod kam so schnell, daß er noch nicht einmal Zeit hatte zu schreien. Als er bewegungslos wie ein Singvogel, der von dem hypnotischen Blick einer Schlange in den Bann gezogen wird, seinen Zerstörer anstarrte, öffnete der Tarasque sein fürchterliches Maul und stieß ein ohrenbetäubendes Brüllen aus. Es wurde von einem Feuerstrahl begleitet, der sich über sein unglückliches Opfer ergoß und dessen Fleisch wie Zunder verbrannte.

Mit der Zeit wurden die Menschen aus Nerluc immer verzweifelter und wollten möglichst bald von der Tyrannei des Tarasque befreit werden. Einmal marschierten sechzehn der tapfersten Männer los, um mit ihrem Gegner zu kämpfen – aber ohne Erfolg. In wenigen Sekunden wurde die Hälfte von ihnen durch einen Feuerstrahl, der aus dem Rachen des Ungeheuers schoß, verbrannt, und die übrigen acht Männer flohen schnell zurück in die Stadt – glücklich darüber, daß sie überlebt haben.

Nerluc schien verdammt und zum Untergang bestimmt zu sein. Aber dann kam jemand in den Ort, der von einem Außenstehenden sicherlich als der ungeeignetste Drachenzerstörer gehalten worden wäre. Eines Tages legte nämlich ein kleines Schiff bei Saintes-Maries-de-la-Mer an, und eine agile, junge Frau mit einem rosigen Gesicht, die ein einfaches schneeweißes Kleid trug, stieg aus. Diese bescheidene sanftmütige Gestalt war St. Martha, die sehr verehrt wurde, da sie mit ihren anregenden Predigten und selbstlosen Wohltaten allen, denen sie begegnete, Freude und Hoffnung gebracht hatte.

Eine gemeißelte Statue von St. Martha mit dem Tarasque zu ihren Füßen ist in der Kathedrale von Saint-Sauveur in Aix-en-Provence auf einem Altargemälde zu sehen.

Sobald ihre Ankunft bekannt geworden war, strömte die Stadtbevölkerung Nerlucs herbei, um sie zu sehen, und flehte sie unter Tränen an, sie von der schrecklichen Unterdrückung des Tarasque zu befreien. St. Martha versprach ihnen, so gut wie möglich zu helfen, und ging anschließend über die abgelegenen Felder auf den Wald zu. Er grenzte an den Fluß, der ihrem angsteinjagenden Opfer Unterschlupf gewährte.

Sie mußte nicht lange nach ihm suchen. Wenige Minuten, nachdem sie den Wald betreten hatte, entdeckte sie den Tarasque auf einer sonnigen Lichtung, wo er die Überreste seines letzten Opfers, eines Hirten aus der Gegend, verschlang.

Das Monster war mit seiner Mahlzeit so sehr beschäftigt, daß es ihre Anwesenheit nicht bemerkte. Somit konnte die Heilige bis zu einem Abstand von einer Armeslänge an sein Rückenschild und seine wellige Mähne herantreten und auch zwei Zweige aufheben, die kurze Zeit vorher durch seinen feurigen Atem verkohlt worden waren. Dann jedoch spürte

Dieses Bild von dem Tarasquefest an Pfingsten im Jahre 1905 zeigt ein Modell des Drachen, das von den Männern aus Tarascon getragen und von einem jungen Mädchen, das die Heilige Martha darstellt, geführt wird.

der Tarasque ihre Anwesenheit und drehte sich mit feurigen Augen um. In diesem Moment hob Martha die zwei Zweige in Form eines Kreuzes hoch und hielt sie vor ihren monströsen Gegner.

Während sie dies tat, trübten sich die Augen des Tarasque, die nun einen sanften, goldenen Farbton erhielten, und die riesige Kreatur lag verwirrt und von einem ungewohnten Frieden überwältigt, passiv der Heiligen zu Füßen. St. Martha beugte sich zu dem gebändigten Drachen hinunter und spritzte heiliges Wasser über seinen Körper. Danach webte sie ein riesengroßes Halsband aus ihrem Haar und führte den Tarasque zurück nach Nerluc.

Dieses erstaunliche Spektakel – der blutrünstige Tarasque, angebunden und folgsam wie ein zahmer Welpe – machte die Einwohner der Stadt zunächst sprachlos und ließ sie regelrecht erstarren. Als ihre Angst vor dem alten Feind jedoch langsam verschwand, wurden sie mutiger und gingen auf das Biest zu. Sie traten, schlugen und boxten es, warfen Steine und Stöcke nach ihm und ließen in einer unkontrollierten Form von Haß und Rache ihre ganze Wut über seine früheren Grausamkeiten aus.

Der Tarasque duckte sich während dieses Angriffs ängstlich, und St. Martha flehte die Horde an, dem Tier zu vergeben und es leben zu lassen. Aber es war zu spät. Ob nun infolge der Verwundungen oder wegen der Abscheu, die auf ihm lastete, plötzlich fiel der Tarasque um und starb.

Als bleibende Erinnerung an seine früheren Leiden heißt Nerluc jetzt Tarascon, und jedes Jahr wird zu Pfingsten das Tarasquefest veranstaltet.

Der Peluda

Am Ufer des Flusses Huisne in La Ferté-Bernard im mittelalterlichen Frankreich bewegte sich deutlich etwas.

Was zunächst der Kopf und der gelenkige Körper einer riesigen viperartigen Schlange zu sein schien, ging aus einer kugelförmigen Masse hellgrüner Vegetation hervor und richtete sich darüber auf. Sekunden später begann sich die Vegetation selbst zu bewegen und zu zittern, als ob sie lebendig wäre – und genau das war sie. Was so aussah wie ein Haufen Blätterwerk am Flußufer, war in Wirklichkeit der runde Körper eines riesigen Tieres mit einem zotteligen, grünen Fell, und was für eine Riesenschlange gehalten werden konnte, stellte sich nun als der Kopf und der Nacken dieses außergewöhnlichen Tieres heraus.

Es war Peluda – ein angsteinjagender, amphibischer neuer Drache, der auch zotteliges Biest genannt wurde. Er war in biblischen Zeiten gezeugt worden, hatte sich geweigert, die Arche Noah zu betreten, aber die große Sintflut überlebt, und terrorisierte nun die Umgebung von La Ferté-Bernard. Seine dicke, grüne Körperbedeckung versteckte zum Teil vier verhornte, schildkrötenartige Füße und strotzte nur so vor spitzen Stacheln, die ein starkes schmerzendes Gift enthielten und wie tödliche Speere auf alles abgeworfen werden konnten, was zu nahe kam. Dieses monströse Biest war auch imstande, mit einem kräftigen Schlag seines Schwanzes einen Menschen töten, und wenn es so richtig wütend war, genügte ein einziger Feuerstrahl aus seinem Rachen, die Felder im Umkreis von einigen Kilometern zu verbrennen.

Eine Zeitlang gab sich der Peluda nachts bei der Beutesuche damit zufrieden, Bauernhöfe und Ställe zu überfallen und den Bauern ihr Vieh und somit den Lebensunterhalt zu stehlen. Er bedrohte aber nie deren Leben, es sein denn, sie waren dumm genug, ihn anzugreifen.

Manchmal hatten die Attacken mutiger Mannschaften aus der regionalen Umgebung gegen das Biest Erfolg, indem sie es in den Fluß Huisne treiben konnten. Doch der Peluda war so riesig, daß der Fluß über die Ufer trat und auf beiden Seiten einen großen Teil des Landes überflutete, sobald das Tier untertauchte, was den Bauern letztendlich ebensoviel Leid zufügte wie die heftigen Angriffe des Ungeheuers selbst.

Irgenwann standen auch Kinder und junge Damen auf der Speisekarte des Peluda. Einige Frauen hatte er bereits verschlungen, und auch an diesem Morgen trug er wieder eine davon – doch sie war nicht allein. Ihr mutiger Verlobter hatte die schreckliche Tat beobachtet. Er schwor Rache und ergriff sofort sein Schwert, um gegen das Monster zu kämpfen.

Seine Rüstung schützte ihn vor dem stacheligen Biest, und er war mit dem Wissen bewaffnet, das ihm ein weiser Prophet mit auf den Weg gab, als sich der Jüngling dem Peluda näherte. Er zielte mit seinem

Der Peluda hatte ein grünes Fell und giftige Stacheln, die an die Stacheln eines Stachelschweines erinnern und mit denen er seine Feinde beschießen konnte.

Schwert nicht auf den Nacken des Monsters oder auf den Bauch unter seinem Fell, sondern konzentrierte sich auf seinen Schwanz, den er mit einem einzigen Schlag seiner Klinge entzweihackte. Sofort kippte der mächtige Peluda um und starb. Sein Schwanz war nämlich das einzige Körperteil, das tödlich verwundet werden konnte. In La Ferté-Bernard wurde sein Bezwinger als Held gefeiert – denn ihm war gelungen, was die große Sintflut nicht geschafft hatte.

Herkules und die Lernäische Hydra

Die Vereinigung des Typhon, eines fürchterlichen Riesen mit hundert Köpfen, mit seiner Braut Echidna, die einen Schlangenkörper besaß, brachte die unheimlichsten Monster des alten Griechenlands hervor.

Zu ihnen gehörten die Chimäre, ein Ungeheuer mit einem Löwenkopf, aus deren Rücken ein Ziegenkopf wuchs und deren Schwanz eine lebende Schlange war, der wilde Drache Ladon, der den Garten der Hesperiden mit den goldenen Äpfeln beschützte, auch Orthos, ein widerlicher Hund mit zwei Köpfen, und sein noch scheußlicherer Bruder, der dreiköpfige Höllenhund Cerberus. Keines dieser Biester war jedoch so abscheulich wie die Hydra, das widerwärtigste Mitglied dieser nichtswürdigen Brut.

Deswegen ist es nicht erstaunlich, daß sogar der furchtlose Held Herkules etwas beunruhigt war, als er von der riesigen, feuchten Höhle bei Lerna stand, die dieser Kreatur Unterschlupf gewährte. König Eurystheus hatte ihn in diese gepeinigte Gegend von Argolis in Südgriechenland geschickt und ihm befohlen, die Hydra zu erschlagen und damit Lerna zu befreien – es sollte die zweite seiner zwölf großen Taten sein -, denn diese widerliche Kreatur tötete das Volk in der Umgebung und zerstörte die Landschaft, indem sie sie in eine sumpfige Wildnis verwandelte. Unterstützt von seinem Neffen Iolaus, der ihn bei seiner Mission treu bekleidet hatte, zündete Herkules schließlich einige Fackeln an, die aus Grasbüscheln gebunden waren, und warf sie in die Höhle, um die Hydra zu vertreiben. Große Rauchwolken quollen aus dem Höhleneingang, und mitten in diesen Rauchmassen wand sich ein brüllendes Wesen.

Die beiden Männer zogen sich zurück, da sie wegen des Qualms husten mußten, und rieben dabei ihre tränenden Augen. Als sie zur Höhle sahen, bot sich ihnen ein schrecklicher Anblick, der sogar das feurige Blut Herkules' in den Adern erstarren ließ. Der beißende Rauch hatte sich verflüchtigt, und eine riesige, angeschwollene, pulsierende Fleischmasse in einem kränklichen, fahlen Farbton stand vor ihnen.

Im ersten Augenblick sah sie wie ein grotesker Tintenfisch aus, denn über ihrem dickleibigen Körper zappelten jede Menge um sich schlagende tentakelähnliche Anhängsel. Doch

Eine ungewöhnliche Brosche zum Anstecken in Gold und Email, die an die neunköpfige Hydra erinnert.

Dieses romantizistische Gemälde (ca. 1900) zeigt Herkules, der eine Hydra erschlägt, die der Kobra ähnlich sieht.

Auf diesem Stich von Bernard Picat wird Herkules als ein typischer, robuster, griechischer Held mit einer schlangenhaften Hydra gezeigt, deren Köpfe sich vervielfältigen, wenn sie von Herkules' Keule erschlagen werden.

mehr Ähnlichkeiten mit einem Tintenfisch gab es nicht. Wie Herkules und Iolaus nur zu deutlich sehen konnten, handelte es sich bei diesen „Tentakeln" tatsächlich um neun kräftige Nacken, die jeweils einen bösartigen Kopf mit Hörnern trugen – den Kopf eines Drachen. Das also sollte der unheimliche Gegner von Herkules sein, die Lernäische Hydra. Als ihre Köpfe auf Herkules aufmerksam wurden, stießen sie ohrenbetäubende Zischlaute aus, die sich wie schreiende Geister anhörten, und stürzten nach vorne, um mit ihrem überaus starken Maul nach dem schwächlichen Menschen zu schnappen.

Unerschrocken hob Herkules seine kräftige Keule, schwang sie und zerschmetterte damit den nähesten der neun Schädel in eine formlose Masse. Aber zu seinem Schrecken starb der Kopf nicht, sondern vergrößerte sich, teilte sich, und jede der beiden Hälften verwandelte sich sofort in einen neuen Schädel. Aus dem ursprünglichen Kopf, der von Herkules' Waffe zerschmettert worden war, hatten sich auf der Stelle zwei neue gebildet! Welchen der vielen Köpfe er im folgenden auch zerstören konnte, er verdoppelte sich bereits nach kurzer Zeit.

Bald würde die Hydra eine so große Anzahl von Köpfen besitzen, daß sie sich sogar gegen die unvergleichliche Tapferkeit des mächtigsten griechischen Helden behaupten könnte, es sei denn, es gelänge ihm, es irgedwie zu unterbinden, daß sie sich selbst vervielfältigt. Als er auf die glimmenden Grasgarben blickte, mit denen er das Biest aus seinem höhlenartigen Zufluchtsort vertrieben hatte, sah er plötzlich eine Möglichkeit, aus seinem Dilemma herauszukommen, und schnell beauftragte er Iolaus damit, einen neuen Satz brennender Fackeln vorzubereiten.

Der nächste Kopf der Hydra schwang sich, den Rachen geöffnet, hinab, um Herkules mit den giftigen Fangzähnen zu ergreifen, und noch einmal zer-

Auf diesem Wandteppich im Schloß von Angers, Frankreich, beobachtet St. Johannes, wie der siebenköpfige erdgebundene Drache der Apokalypse dem leopardenköpfigen Biest aus dem Meer seinen Führungsstab überreicht und ihm damit seine Macht überträgt.

schmetterte Herkules einen Schädel mit einem einzigen Schlag seiner blutöberströmten Keule. Doch ehe dieser beginnen konnte, sich in zwei neue Köpfe zu verdoppeln, gab Iolaus ihm eine Fackel, die er in die blutige Masse des ursprünglich zerschlagenen Schädels stieß. Die Flammen verbrannten das Fleisch, wodurch es nicht mehr imstande war, neue Köpfe zu bilden – und Herkules hatte das Geheimnis entdeckt, wie die Hydra vernichtet werden konnte.

Von diesem Moment an bestimmte Herkules den Kampf. Jeder Kopf der Hydra, der angriff, wurde mit physischer Kraft und Flammen zerstört, bis nur noch ein einziger übrigblieb. Unerwarteter Weise war dieser gegen das Feuer immun, aber nicht gegen den gnadenlosen Schlag, den er von dem Schwert des Herkules erhielt und der ihn köpfte.

Der schrecklichste neue Drache, den die Welt jemals gesehen hatte, lebte nun nicht mehr und noch nicht einmal Typhon und Echidna könnten einen solchen noch ein zweites Mal hervorbringen.

Ein weiteres vielköpfiges Biest war der geflügelte, siebenköpfige scharlachrote Drache der Apokalypse, der zehn Hörner und sieben Kronen trug. Wie St. Johannes in der Offenbarung berichtete, wurde diese Gestalt vom Teufel angenommen, der mit seinen rebellischen Engeln gegen St. Michael und die himmlischen Heerscharen kämpfte. Letztendlich wurden der Drache sowie seine Anhänger von St. Michael auf die Erde vertrieben.

Der Salamander und der Pyrallis

Eines Abends im Jahre 1505 saß der fünfjährige Bildhauer Benvenuto Cellini mit seinem Vater an einem großen Holzfeuer, der plötzlich ein kleines eidechsenartiges Biest in der Mitte des Feuers entdeckte.

Das Wesen vergnügte sich in den Flammen, die es scheinbar nicht verwundeten. Äußerst aufgeregt machte Cellinis Vater seinen Sohn auf die Kreatur aufmerksam. Um sicherzugehen, daß der Junge dieses Spektakel niemals vergessen würde, ohrfeigte er ihn sogar gehörig. Dies war sicherlich eine etwas drastische Erinnerungshilfe, doch er hatte einen guten Grund für sein Handeln. Er glaubte nämlich, daß das Biest, das sich im Feuer tummelte, ein Salamander war, ein besonders erstaunlicher neuer Drache.

Der Salamander sah aus wie eine etwas hundeartige Eidechse und erschien in alten Berichten, die von dem altertümlichen griechischen Philosophen Aristoteles und dem römischen Historiker Plinius der Ältere verfaßt wurden. Nach ihren sowie den Angaben von anderen frühen Schreibern war dieses ungewöhnliche Tier so kalt, daß es sofort die Flammen eines Feuers auslöschen konnte, wenn es hineinsprang. Diese Fähigkeit wurde von einer merkwürdigen milchigen Flüssigkeit unterstützt, die das Biest wie einen ätzenden Schaum aus seinem Maul spucken konnte und die zudem von den vielen sternförmigen Markierungen abgesondert wurde, mit denen die hellgoldene Haut des Tieres verziert war.

Diese Substanz konnte nicht nur ein Feuer löschen, sondern war auch für Lebewesen bedrohlich. Wenn das Biest eines berührte, verschrumpelte dessen Haut, seine Haare fielen aus und ein ekelhaftes lepraähnliches Krankheitsbild trat zutage. Darüber hinaus wurde das Wasser eines Teichs oder Brunnens für immer vergiftet, sobald ein Salamander hineinfiel. Das Trinken aus einem auf diese Weise vergifteten Bach in Indien wurde für den Tod von 4000 Soldaten und 2000 Pferden, die unter dem Kommando von Alexander dem Großen standen, verantwortlich gemacht.

Ähnlich wie der Basilisk veränderte der Salamander im Mittelalter extrem sein Aussehen. Das Biest,

Als Symbol für die Unzerstörbarkeit wurde der Salamander um 1600 von Michael Maior in seinem Buch „Atalante Suyant" mitten in den Flammen abgebildet.

Der Salamander war sehr interessant für mittelalterliche Alchimisten.

das durch seine eisige Natur Flammen auslöschen konnte, wurde in eine Kreatur verwandelt, die in Flammen, Öfen und sogar in vulkanischer Lava hervorragend gedieh. Weder zerstörte sie die sengende Hitze, noch wurde sie von ihr verbrannt. Von dieser ungewöhnlichen Macht dieses Tieres war König Franz I. von Frankreich so sehr fasziniert, daß er das Abbild des Salamanders – in Flammen badend – als sein persönliches Emblem verwendete.

Diesem Monster wurde außerdem die Fähigkeit zugesprochen, aus feuerfesten Fasern, die Salamanderwolle genannt wurden und in Wirklichkeit Asbest waren, Kokons zu spinnen. Viele bedeutungsvolle Menschen sollen Kunstgegenstände oder Kleider besessen haben, die aus diesem Material gewebt waren. Sogar Papst Alexander III. hatte angeblich eine feuerfeste aus diesen Fasern hergestellte Tunika.

Eine der mysteriösesten Persönlichkeiten des Mittelalters war Prester Johannes, ein wohlhabender

Priesterkönig, der ein christliches wundervolles Land irgendwo im Osten regierte. Der Legende nach reichte seine Herrschaft über Indien und Babylon im Westen hinaus. In einem Brief aus dem zwölften Jahrhundert, der an den byzantinischen Kaiser Manuel I. Komnenos gerichtet war, wies Prester Johannes auf viele Tiere in seinem Land hin, unter anderem auf den Salamander.

Anscheinend hatte sich der Salamander wieder verwandelt, denn er wurde als eine Art exotischer Wurm beschrieben: „In einem unserer Gebiete gibt es Würmer, die in unserer Sprache Salamander heißen. Diese Würmer können nur im Feuer leben und bauen Kokons wie die Seidenraupen. Die Fasern der Kokons werden von den Frauen unseres Palastes abgewickelt und zu Kleidern gewebt, die unsere Erhabenheit trägt. Wenn wir diese Kleider reinigen wollen, werfen wir sie in die Flammen.“

Die Feuersalamander, die 18 bis 24 Zentimeter lang sind, wurden nach ihrem mystischen Vorgänger benannt und leben in den bergigen Regionen Mittel- und Südeuropas.

Einige Wissenschaftler sind der Ansicht, daß das sagenhafte Königreich dieses Herrschers wirklich existiert hatte, und halten Äthiopien für den wahrscheinlichsten Ort – ein Land, das seit dem vierten Jahrhundert nach Christus dem christlichen Glauben angehörte. Ähnlich wird vermutet, daß der Name „Johannes“ eine Abwandlung von „Zan“ ist, einem königlichen Titel in Äthiopien. Trotzdem wird der Brief von Prester Johannes heute im allgemeinen als ein Scherz abgewiesen, und sein Land ist längst aus allen Atlanten entfernt worden.

Der unverbrennbare Salamander ist heute ebenfalls verschwunden. In den zoologischen Büchern wurde er von seinen echten, wassermolchartigen Namensvettern ersetzt, die den Flammen feuchte Löcher vorziehen, aber ebenso wie der neue Drache eine giftige Flüssigkeit aus der Haut ausscheiden. Möglicherweise hat vor langer Zeit das völlig unerwartete Erscheinen eines Salamanders im Feuer, der versehentlich mit einem Holzscheid hineingeworfen worden war, zu Geschichten von einem faszinierenden, sich in den Flammen aufhaltenden Biest angeregt, die Cellini einen neuen Drachen entdecken ließen. Durch solche Begebenheiten entstehen Legenden.

Ein ganz anderer neuer Drache, der sich im lodernden Feuer noch mehr zu Hause fühlte als der Salamander, war der Pyrallis, ein winziges Biest, das auch den Namen Pyragones oder Pyrausta trug. Dieses Tier hatte etwa die Größe einer großen Fliege und ähnelte einem vierbeinigen Insekt mit filigranen goldenen Flügeln, aber sein Kopf war der eines Drachen.

Der Pyrallis wurde mit den Kupferschmelzereien auf Zypern in Verbindung gebracht, wo Berichten zufolge Schwärme dieser Kreaturen aufgetaucht sind. Wenn eines dieser Tiere wie ein Funken aus den Flammen flog, mußte es sofort sterben. Der Pyrallis nahm nämlich nicht nur seine Nahrung aus der Hitze des Schmelzofens, sondern konnte auch nur dort überleben. Es war wirklich ein Biest des Feuers!

Langhälse und Meeresechsen

Es existieren einige äußerst mysteriöse Kreaturen, die ihrem Aussehen nach eindeutig drachenartig sind. Von diesen gibt es zwar Aufzeichnungen, doch viele von ihnen sind noch nicht identifiziert und von der Wissenschaft anerkannt worden.

Besonders auffällige und möglicherweise sogar die sensationellsten dieser rätselhaften Kreaturen sind die Langhälse und die Meeresechsen. Einige nicht identifizierte Seemonster und Meeresschlangen haben einen langen, aufgerichteten Hals und einen proportional kleinen Kopf, dessen Silhouette von Augenzeugen mit einem Periskop verglichen wird.

Ihr berühmtester Vertreter ist ein schüchterner Seebewohner aus Schottland – das Loch-Ness-Monster. Im Laufe der Jahre wurde von zahlreichen „Periskoperscheinungen", einem mysteriösen Tier mit einem langen Hals, berichtet, das im Loch Ness schwimmt – vor allem seit eine neue Straße, die im Jahre 1933 gebaut wurde, am See entlangführte.

Weniger bekannt ist jedoch, daß einige Menschen behaupten, sie hätten „Nessie" an Land gesehen. Diese Aussagen verhelfen zu einer Vorstellung von dem ganzen Tier und beschränken sich nicht nur auf Informationen über seinen Kopf, Hals und Rücken. Nach solchen Augenzeugenberichten hat Nessie einen etwa neun Meter langen robusten Körper mit zwei paddelförmigen Gliedmaßen, einen langen Schwanz und Hals sowie einen kleinen Kopf.

Diese Beschreibung paßt auf kein bekanntes Tier der modernen Zeit, doch aus prähistorischen Zeiten kennen wir eine Familie von Kreaturen, die Nessie sehr ähnlich ist: die Plesiosaurier – Wasserreptilien, die Fische fressen und einen Schwanenhals sowie Flossen besitzen. Es existierten viele Spezies der Plesiosaurier, aber die letzte starb scheinbar mit den Dinosauriern vor rund 65 Millionen Jahren aus. Es gibt allerdings immer noch keine zufriedenstellende

Wie diese Illustration verdeutlicht, sind die Grenzen zwischen Langhälsen, Meeresechsen und fiktiven Meeresdrachen fließend.

Erklärung für ihren Tod, da sie der Konkurrenz mit anderen Wasserraubtieren anscheinend standhalten konnten. Vielleicht starben sie ja gar nicht aus und sind nur sehr schwer zu fassen. Eine solche Theorie könnte die vielen Berichte erklären, die von mystischen Süßwasser- und Meeresbiestern erzählen, die den lebenden Plesiosauriern ähnlich sind.

Eine andere Kategorie der Wassermonster scheint die Meeresechse zu sein, denn Berichten zufolge existieren im Wasser lebende Echsen, die Krokodilköpfe haben.

Am 30. Juli 1915, während des Ersten Weltkriegs, torpedierte ein deutsches U-Boot mit der Bezeichnung U-28 das britische Dampschiff Iberian in der Nähe des Fastnet-Felsens vor Irland. Weniger als eine Minute, nachdem das Schiff gesunken war, schleuderte eine Unterwasserexplosion ein Monster aus dem Meer. Nach den Angaben, die später von dem Kapitän der U-28 gemacht wurden, war es etwa 18 Meter lang und hatte die Form eines Krokodils mit einem langen, spitzen Schwanz und vier kräftigen Füßen mit Schwimmhäuten. Sekunden später fiel es in das Meer zurück und verschwand spurlos.

In einigen Schilderungen werden die Gliedmaßen der Meeresechse mit Flossen verglichen, die Schwimmhäute haben, aber ansonsten sind die Beschreibungen nahezu identisch. Drei verschiedene Tierarten passen zu den Angaben, doch vermutlich sind diese mit oder bereits vor den Dinosauriern ausgestorben.

Eine von diesen Tierarten ist der Pliosaurus, der zu den Plesiosauriern gehört, aber einen kürzeren Hals besitzt, dafür einen viel größeren und längeren Kopf und einen riesigen Rachen, der dem eines Alligators gleicht. Die zweite ist der Mosasaurus, eine echte mit den heutigen Waranen verwandte Meeresechse, die sich auf eine Existenz im Wasser spezialisiert und eine abgeflachte Schwanzflosse, Schwimmflossen sowie einen krokodilähnlichen Kopf hat. Und die dritte Tierart ist der Thalattosaurus, ein Meeresreptil mit einem schmalen Körper, flossenartigen Gliedmaßen und einer Rückenflosse. Wenn eine dieser Kreaturen bis heute unentdeckt überlebt haben sollte, ist das Rätsel der Identität der Meeresechse gelöst.

Drachen der Zukunft

Wir müssen den Drachen der Vergangenheit nicht allzusehr nachtrauern, wir brauchen auch nicht enttäuscht auf ihre weniger inspirierenden zoologischen Namensvettern der Gegenwart zu blicken.

Schließlich gibt es bona fide noch echte Drachen wie den Langhals, die Meeresechse, den Schlangenwal, Artrellia, Inkhomi, Tatzelwurm und andere ihrer rätselhaften Art, die den heutigen Forschungsstand sprengen und die Zoologen beschäftigen und herausfordern. Diese kontrovers diskutierten Kreaturen vermitteln glaubhaft den Eindruck, daß die Zukunft noch viele großartige Überraschungen und Freuden für den engagierten Drachentologen bereithalten wird.

Im vor uns liegenden 21. Jahrhundert, in dem die Wissenschaft weit vorangeschritten sein wird, ist bei weitem nicht zu erwarten, daß die Drachen als irrelevant und anachronistisch abgetan werden und an Faszination verlieren. Ihr Ansehen wird auf internationaler Ebene so sehr steigen, daß kein menschlicher Superstar einen solchen Beliebtheitsgrad erreichen kann. Heute wird der Drache erstaunlicherweise von der modernen Technologie in Erinnerung gerufen und für alles mögliche – Filme, Spielzeug- und Bekleidungsindustrie, CD-ROMs, spannende Werbekampagnen usw. – herangezogen.

So scheint es sehr wahrscheinlich zu sein (ungeachtet St. George), daß der Drache, die Verkörperung dynamischer, kompromißloser, unwiderstehlicher Macht, sich weiterentwickeln, verändern und noch lange Zeit unseren Planeten bewohnen wird.

Der Drache ist tot – lang lebe der Drache!

Ein Drache des späten 20. Jahrhunderts: Dieses spektakuläre Poster wirbt für Pirellis „Drachen-GT“-Motorradreifen.

Bibliographie

Der Platz reicht nicht aus, um die zahlreichen Artikel über Drachen und die vielen allgemeinen Werke, die in den Vorbereitungen für diesen Band zu Rate gezogen wurden, aufzuzählen, aber die im folgenden aufgeführten Spezialbücher seien dem Leser für weitere Informationen empfohlen.

Allen, Judy und **Jeanne Griffiths** *The Book of the Dragon* Orbis, London, 1979

Ashton, John *Curious Creatures in Zoology* John C. Nimmo, London, 1980

Barber, Richard und **Anne Riches** *A Dictionary of Fabulous Beasts* Macmillan, London, 1971

Barrett, Charles *The Bunyip and Other Mythical Monsters and Legends* Mail Newspapers, Melbourne, 1946

Binyon, Laurence *The Flight of the Dragon* John Murray, London, 1911

Borges, Jorge L. *The Book of Imaginary Beings* Penguin Books, Harmondsworth (rev.), 1974

Bose, Hampden C. du *The Dragon, Image and Demon* Presbyterian Committee of Publications, Richmond, 1899

Burland, C. und **W. Froman** *Feathered Serpent and Smoking Mirror* Orbis, London, 1975

Byrne, M. St. Clare (Hrsg.) *The Elisabethan Zoo* Frederick Etchells & Hugh MacDonald, London, 1926

Campbell, John F. *The Celtic Dragon Myth* John Grant, Edinburgh, 1911

Carrington, Richard *Mermaids and Mastodons: A Book of Natural and Unnatural History* Chatto & Windus, London, 1957

Carter, Frederick *The Dragon of the Alchemists* E. Matthews, London, 1926

Clair, Colin *Unnatural History: An Illustrated Bestiary* Abelard-Schumann, London, 1967

Clark, Anne *Beasts and Bawdy* J. M. Dent, London, 1975

Cohen, Daniel *A Modern Look at Monsters* Tower Publications, New York, 1970

—— *The Encyclopedia of Monsters* Dodd, Mead & Co., New York, 1982

Coleman, Loren *Curious Encounters* Faber & Faber, London, 1985

Cooper J. C. *Symbolic and Mythological Animals* Aquarian Press, London, 1992

Cooper, William R. *Serpent Myths of Ancient Egypt* Robert Hardwicke, London, 1873

Costello, Peter *The Magic Zoo: The Natural History of Fabulous Animals* Sphere Books, London, 1979

Dance, S. Peter *Animal Fakes and Frauds* Sampson Low, Maidenhead, 1976

Dickinson, Peter *The Flight of Dragons* Pierrot Publishing, London, 1979

Dimmick, Adrian N. *Worme Worlde: The Dragon Trivia Source Book* The Dragon Trust, London, 1994

Dinsdale, Tim *The Leviathans* Futura, London (rev.), 1976

Elliot-Smith, Grafton *The Evolution of the Dragon* University Press, Manchester, 1919

Epstein, Perle *Monsters: Their Histories, Homes, and Habits* Doubleday, Garden City, 1973

Farson, Daniel und **Angus Hall** *Mysterious Monsters* Aldus Books, London, 1978

Fox, David S. *Saint George: The Saint With Three Faces* Kensal Press, Shooter's Lodge, 1983

Frazer, James G. *The Golden Bough: A Study in Magic and Religion* Macmillan, London (3. Aufl.), 1911-15

Gifford, Douglas und **John Sibbick** *Warriors, Gods and Spirits From Central and South American Mythology* Peter Lowe, Wallingford, 1983

Gould, Charles *Mythical Monsters* W. H. Allen, London, 1886

—— mit **Malcolm Smith** (Hrsg.) *The Dragon* Wildwood House, London, 1977

Green, Roger L. (Hrsg.) *A Cavalcade of Dragons* H. Z. Walck, New York, 1970

Gubernatis, Angelo de *Zoological Mythology: The Legends of Animals* Trübner, London, 1872

Guirand, Felix (Hrsg.) *New Larousse Encyclopedia of Mythology* Hamlyn, London, 1968
Hall, Mark A. *Thunderbirds! The Living Legend of Giant Birds* Mark A. Hall Publications and Research, Bloomington, 1988
Hargreaves, Joyce *The Dragon Hunter's Handbook* Granada, London, 1983
—— *Hargreaves New Illustrated Bestiary* Gothic Image, Glastonbury, 1990
Hayes, L. Newton *The Chinese Dragon* Commercial Press, Shanghai, 1922
Headon, Deidre *Mythical Beasts* Hutchinson, London, 1981
Heuvelmans, Bernard *On the Track of Unknown Animals* Rupert Hart-Davis, London, 1958
—— *In the Wake of the Sea-Serpents* Rupert Hart-Davis, London, 1965
—— *Les Derniers Dragons d'Afrique* Plon, Paris, 1978
Hogarth, P. und **V. Clery** *Dragons* Allen Lane, London, 1979
Hoke, Helen (Hrsg.) *Dragons, Dragons, Dragons* Franklin Watts, New York, 1972
Holiday, F. W. *The Dragon and the Disc* Sidgwick & Jackson, London, 1973
Holman, Felice und **Nanine Valen** *The Drac: French Tales of Dragons and Demons* Charles Scribner's Sons, New York, 1975
Hoult, Janet *Dragons: Their History and Symbolism* Gothic Image, Glastonbury, 1987
Hulme, F. Edward *Natural History Love and Legend* Bernard Quaritch, London, 1895
Huxley, Francis *The Dragon: Nature of Spirit, Spirit of Nature* Thames and Hudson, London, 1979
Ingersoll, Ernest *Dragons and Dragon Lore* Payson & Clarke, New York, 1928

Eine russische Ikone von 1600 stellt St. Georg dar, als er einen Schlangendrachen tötet.

Johnsgard, Paul und **Karin** *Dragons and Unicorns: A Natural History* St. Martin's Press, New York, 1982
Journal of the Dragon Trust, Nr. 1-4, *The Dragon Chronicle*, 1994 und 1995
Lehner, E. und **J.** *A Fantastic Bestiary* Tudor, New York, 1969
Ley, Willy *The Lungfish and the Unicorn* Modern Age, New York, 1941
—— *Exotic Zoology* Viking, New York, 1959
Lum, Peter *Fabulous Beasts* Thames and Hudson, London, 1952
Mackal, Roy P. *A Living Dinosaur? In Search of Mokele-Mbembe* E. J. Brill, Leiden, 1987
Mackenzie, D. A. *Myths and Legends of China and Japan* Gresholm Publishing, London, 1923
Meurger, M. und **C. Gagnon** *Lake Monster Traditions: A Cross-Cultural Analysis* Fortean Tomes, London, 1988
Miller, C. *A Dictionary of Monsters and Mysterious Beasts* Piccolo, London, 1974
Morris, Ramona und **Desmond** *Men and Snakes* Hutchinson, London, 1965
Newman, Paul *The Hill of the Dragon: An Enquiry into the Nature of Dragon Legends* Rowman & Littlefield, Totowa, 1980
Phillips, Henry *Basilisks and Cockatrices* E. Stern, Philadelphia, 1882
Robinson, Margeret W. *Fictitious Beasts: A Bibliography* The Library Association, London, 1961
Rovin, J. *The Encyclopedia of Monsters* Facts on File, Oxford, 1989
Rudd, Elisabeth (Hrsg.) *Dragons* W. H. Allen, London, 1980
Sanders, Tao Tao Liu *Dragons, Gods and Spirits From Chinese Mythology* Schocken Books, New York, 1983

Stichwortverzeichnis

Fettgedruckte Seitenzahlen zeigen Haupteinträge an, *kursive* Seitenzahlen weisen auf Bildunterschriften hin.

BILDNACHWEISE UND DANKSAGUNGEN

Bildnachweise
o = oben; u = unten

Vorsätze Fortean Picture Library; **1** Images Colour Library; **2-3** Lambeth Palace Library, London/The Bridgeman Art Library; **4-5** Jean-Loup Charmet; **8** AKG London; **9** Jean-Loup Charmet; **10** National Gallery, London/The Bridgeman Art Library; **11** Garland Picture Library; **12** Fortean Picture Library; **14** Leslie Garland Picture Library; **15** Mary Evans Picture Library; **16-17** The Fotomas Index; **18** Robert Francis/Robert Harding Picture Library; **19** Adam Woolfitt/Robert Harding Picture Library; **20** Jean-Louis Charmet; **21** AKG London; **22** Werner Forman Archive; **23** Stofnun Arna Magnússonar; **28-29o** Mary Evans Picture Library; **29u** Gunther Ziesler/Bruce Coleman Ltd.; **30-31** Scala; **32** Museo Nazionale, Taranto/The Bridgeman Art Library; **33-36** Mary Evans Picture Library; **37** Fitzwilliam Museum, University of Chambridge/The Bridgeman Art Library; **39** John Lucas Scudamore Coll./The Bridgeman Art Library; **41-42** Images Colour Library; **43** Mary Evans Picture Library; **45** AKG London; **46** British Film Institute; **47** Werner Forman Archive; **48** Hulton Deutsch Collection; **49** Musée Condé, Chantilly/Giraudon/The Bridgeman Art Library; **51** Images Colour Library; **52-53** Mary Evans Picture Library; **54** Louvre, Paris/The Bridgeman Art Library; **55** The British Museum; **56** Mary Evans Picture Library; **57** Jean-Loup Charmet; **58-59** Scuola di San Giorgio degli Schiavoni, Venedig/The Bridgeman Art Library; **60** Victoria & Albert Museum/Michael Holford; **61** E. T. Archive; **63-68** Fortean Picture Library; **69** Jean-Loup Charmet; **70-71** Staatsmuseum, Berlin/Werner Forman Archive; **72** Professor Roy Mackal; **73** Mary Evans Picture Library; **75** Ann Ronan at Picture Select; **76** Bruce Coleman Ltd.; **77** Mary Evans Picture Library; **78-79** Essex Record Office; **81** Valley of the Queens, Theben, Ägypten/The Bridgeman Art Library; **82-83** Werner Forman Archive; **84** Mireille Vautier; **86-87** AKG London; **88** Images Colour Library; **89** Hulton Deutsch Collection; **91** Jean-Loup Charmet; **93** Private Collection/The Bridgeman Art Library; **97** The Fotomas Index; **98o** Bibliothèque Nationale; **98u** Dr. Karl P. N. Shuker/Fortean Picture Library; **100-101** Réunion des Musées Nationaux/Duplicata; **102** Saint-Sauveur-Kathedrale, Aix-en-Provence/Giraudon/The Bridgeman Art Library; **103** Mary Evans Picture Library; **106** Reinaldo Viegas/Calouste Gulbenkian Foundation; **107** Mary Evans Picture Library; **108** Jean-Loup Charmet; **109** Scala; **110-111** Charmet/Mary Evans Picture Library; **112** Fortean Picture Library; **113** Dr. Eckart Pott/Bruce Coleman Ltd.; **114-115** Trevor Beer; **116** CPK Auto Products Ltd.; **117** Jean-Loup Charmet; **118** AKG London; **119-120** Jean-Loup Charmet

Kunstnachweise
Lorraine Harrison (Karte) 6-7
Janetta Turgle (Entwurf) 24-25, 104-105
Helena Zakrzewska-Rucinska (Farbe) 13, 16-17, 24-25, 26-27, 62-63, 66-67, 75, 78-79, 95, 97, 98u, 99, 104-105, 114-115